葬式のはなし

菅《すが》 純和《じゅんわ》［著］

法藏館

はじめに

「葬儀」が話題になっています。いったい、多額の費用をかけるお葬式にどのような意味があるのか、必要ないじゃないかという提言がなされ、葬式無用論が大きな勢いを持つようになりました。

それらの意見を聞いてみると、分からないでもないのです。確かに葬儀には不透明な部分も多いし、形だけで実質が伴っていないという現状もあります。でもだからといって、お葬式を不必要なもの、意味のないものと片づけてしまっていいのでしょうか。

金銭的なことばかりがクローズアップされてしまっているのですが、葬儀は、亡き人にとっては、人生の締めくくりを荘厳する大切な儀礼であり、残る者にとっては、生命とは何か、死というものをどう乗り越えていけばいいのかという、人間にとっての永遠の問題を改めて問われる場なのです。

葬儀があれこれと問題とされるわりには、そうした肝心のことはいっこうに顧みられることがないのはどういうわけでしょう。お葬式は必要かそうでないかを云々する前に、そもそもお葬式とは何なのか、そのことを少し書いてみたいと思いました。

そうはいっても、私は、浄土真宗本願寺派という一宗派の、大阪市北部という一地域の、小さな寺院の住職という、きわめて限られた視点でしか物を見ることができません。だから、葬儀論争に一石を投じるようなことなど、とても書けないのです。

ただ、住職として三十数年、何百人という人のお葬式の導師を務めてきた体験から、葬儀というものへの思いを正直に述べてみました。三十数年という時間の流れのなかで、お葬式もいつの間にか、驚くほど様変わりしてしまいました。昔は、お葬式といえば自宅でした。白い幕を家のなかに張り巡らし、近所の人たちが集まって煮炊きをしていました。今は、そんな風景はどこにもありません。何もかもが機能的に造られた葬儀式場でのお葬式は、昔に比べて不自由な点はまったくありません。でも、それによって失ってしまったものも少なからずあるのです。

ここでは、分かりやすく、質問に対する答という形にしました。実際、私が、このように聞かれたらこう答えていることを、そのまま文章化しました。人が生命を終えてから葬儀にいたるまでの、さまざまに起こってくる問題と、葬儀を終えてからの中陰法要や、さらに時間が経った時点の年忌法要までを含めて、あくまでも私の考えを書き連ねました。

目次

はじめに
問1　誰に最初に連絡するべきでしょうか——2
問2　自分の宗派が分かりません——4
問3　大げさなことはしたくありません——6
問4　喪主と故人の宗派が違います——8
問5　遺言で「葬儀はするな」と書かれていました——10
問6　お寺が遠いところにあります——12
問7　小さな子どもに遺体を見せてもいいのでしょうか——14
問8　喪主は誰が務めるべきでしょうか——16
問9　故人は本当に成仏したのでしょうか——18
問10　枕経とは何ですか——20
問11　通夜ってそもそもどういう意味があるのですか——22
問12　通夜と葬儀の場所はどこがよいのでしょうか——24

問13 通夜まで遺体をどこに安置したらいいでしょうか――26
問14 通夜ぶるまいは必要でしょうか――28
問15 葬儀社の選び方を教えてください――30
問16 挨拶は何を言えばいいでしょうか――32
問17 葬儀と告別式の違いは何ですか――34
問18 友引にお葬式をしてはいけないのですか――36
問19 死装束は必要ですか――38
問20 清めの塩はいらないのですか――40
問21 親戚にいろいろ文句を言われます――42
問22 焼香の順番にきまりはありますか――44
問23 正しい焼香の作法が分かりません――46
問24 お線香を絶やしてはいけませんか――48
問25 戒名や法名は絶対に必要ですか――50
問26 葬儀の相場はいくらですか――52
問27 葬儀社がすすめるオプションは必要でしょうか――54
問28 お坊さんへの御礼はいくらが適当でしょうか――56

問29 香典返しが面倒なので香典を辞退したいのです――58
問30 手伝ってくれた方への御礼は何がいいでしょうか――60
問31 法事って何でやるのですか――62
問32 法事は絶対にしなければいけないものですか――64
問33 初七日法要はいつ行うのが適当でしょうか――66
問34 四十九日法要の意味は何ですか――68
問35 一周忌には誰を呼ぶべきですか――70
問36 初盆にすべきことは何ですか――72
問37 一周忌までにしなくてはならないことは何ですか――74
問38 法事では数珠を持っていないといけないでしょうか――76
問39 仏壇がないと化けて出ますか――78
問40 仏壇は誰かが亡くなったらすぐに購入するべきでしょうか――80
問41 家が狭くて仏壇を置くところがありません――82
問42 仏壇の飾り方、お世話の仕方が分かりません――84
問43 喪中というのはいつまでですか――86
問44 遺影はどこに飾るのがいいのでしょうか――88

問45　納骨はいつまでに済ませるべきでしょうか――90
問46　分骨の考え方を教えてください――92
問47　自宅に遺骨があるのが気持ち悪いのです――94
問48　離婚した夫の葬儀には行くべきでしょうか――96
問49　自分と違う宗派の葬儀での作法はどうしたらいいでしょうか――98
問50　お寺とはいつまでつきあわないといけないのでしょうか――100

あとがき――102

葬式のはなし

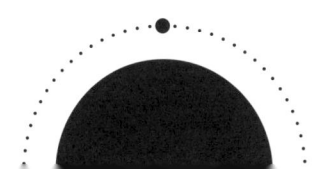

問1 誰に最初に連絡するべきでしょうか

現実問題ですが、最近は「畳の上の往生」という言葉が死語になりつつあります。
ほとんどの場合、自分の家ではなくて、病院のベッドの上で息を引き取ります。病院は遺体をいつまでも置いてはくれません。一刻も早く病院を出ねばならないのです。

だから、誰に連絡するのかといえば、遺体を外に出してくれる人を最初に頼まねばなりません。これだけは家族であっても、素人にはできません。必然的に葬儀社に依頼することになります。

その場合、以前からここと決めている葬儀社があればいいのですが、それがなければ、病院の方で世話してくれます。ただ、とりあえず遺体を運んでもらって、その後は別の葬儀社に依頼する場合もありますから、よく確認しておいてください。

そこで次は、葬儀の日時を決める前に連絡しなければならないところと、決めてから連絡してもいいところを分けましょう。決定前に知らせねばならないのは、ごく近い肉親はもちろん、町内会などのお世話にならなければいけないことが分かっている場合には、会長さん、それに、仏式でやるなら、導師を務めてもらうお寺さんには先に言っておきましょう。

そうして、通夜・葬儀の日程が決まったら、誰を呼ぶかを考えましょう。最近流行の家族葬なら、どこにも言う必要はないのでしょうが、それでも特別に一人や二人は、故人の関わりや喪主との関係から、どうしても招きたい人があるかもしれません。

通常のお葬式なら、親戚や友人知人に知らせることになりますが、遠い所の人にはなるだけ早く知らせるようにしましょう。交通機関の切符の手配とか、準備が大変ですからね。会社など勤め先の同僚には、一人一人連絡していると大変ですから、伝達してもらえばいいでしょう。

ここで問題となるのは、「範囲」です。どの範囲まで知らせればいいのかということです。同じ親戚でも、普段の付き合いには、親疎があります。一応、親戚だけれど、何の付き合いもない場合も多いのです。そんな親戚まで声をかける必要があるのか悩みますね。でも、もし声をかけようかやめようか、どちらか迷うのなら、思い切って声だけはかけておく方がいいと思います。「知らせがなかった」と、後でややこしいことにもなりかねません。通夜・葬儀に出席するかどうかは、あくまでも先方の判断。伝えるだけは伝えて後はまかせておけばいいのです。

？問2 自分の宗派が分かりません

家族の誰かが亡くなって、いざお葬式をしなければならなくなったとき、案外に多いのが「宗派が分からない」ということです。

時代が変わって、宗教色のない、たんなる告別式も増えてきたとはいえ、やはりお葬式だけは伝統的な仏式で行われる場合がほとんどです。その場合に問題になるのが、「宗派」です。普段から特定のお寺と付き合いがあるのなら何の心配もないのですが、核家族となり、故郷を離れて都会生活が長くなると、自分の家の宗教が何であったかが分からなくなってしまうものです。

仏式の葬式を出そうというときになって、普段は関心のなかった、宗派とかお寺というものが、急に大問題となって迫ってくるのです。「え～っと……たしか禅宗だったかな」といっても、禅宗にも曹洞宗もあれば臨済宗もありますし、さらには黄檗宗もあるのです。「うちは浄土真宗だったはず」と思い出しても、浄土真宗のなかでも、本願寺派や大谷派、それに高田派や興正派など、じつに数多くあるのです。

だから、いざとなってから困らないように、普段から意識しておけばいいのに、実際はお葬式ということになって慌てふためくのが現実のようです。

答 すぐに知っていそうな親戚に電話して聞いてみましょう

ぐずぐずしてはおれません。仏式でやるなら、一刻も早くお坊さんを頼まねばなりません。分からないなら、すぐに宗派を知っていそうな親戚に電話して聞いてみることです。「亀の甲より年の功」で、ある程度年配の人なら、たいてい知ってくれていますよ。なかにはその人の記憶違いで、じつはぜんぜん違っていたという例もありますけれど……。

宗派というけれど、同じお釈迦さまの教えなのだからこだわらなくてもいいではないか、と軽くおっしゃる方もいるのですが、そのときばかりでなく、後々までついて回る問題ですから、そんなに簡単なことではありません。とにかく手当たり次第、思いつくままに知っていそうな人に尋ねてください。

それでもどうしても分からないときは、やむをえません。住んでいる地域のお寺に頼むか、葬儀社に相談してください。あくまでも、「仮」に、その宗派のやり方のお葬式をやりましょう。それもひとつのご縁なのでしょう。

そして、あとで本当の自分の宗派が分かったら、「なんとも申し訳ございませんでした」と、丁重に葬儀を司ったお寺にお詫びして、今後のことを、本来の自分の宗派のお寺さんに相談するのがいいと思います。

問3　大げさなことはしたくありません

「私が死んだら、大げさなことはしたくありません」。皆さん、よくこんなことをおっしゃいます。

そりゃまあそうでしょうね。自分の葬儀を盛大に派手にやって欲しいと思う人は、そうはいませんからね。それに最近は、他人を招かずに家族だけですませる、「家族葬」が流行のようになってますから。

都会では、それがさらに進んで、儀式らしいものは何もせずに、直接、火葬してしまう「直葬」と呼ばれるものも増えてきているようです。これはどういうことでしょう。不景気だから、お葬式にかけるお金がないということでしょうか。どうもそれだけではなさそうです。本当に身寄りのない人ならともかく、家族もあり親類も多く、社交的でいろいろな人と付き合いがあり、ある程度のお金を持っている人までが、「死んだら焼いてくれるだけでいい」と言っているのですから。

多分、お葬式は無駄なもの、お金をかけるに値しないものという価値観があるのではないでしょうか。事業仕分けが話題になりましたが、まるで葬儀が不必要なものとして仕分けされてしまったようです。でも、ここをよく考えてください。人間として生まれ、親に育てられ、学校や社会を通じて数え切れない人と交わり、また自分も親として子育てをしていく。それはたった一度の人生です。その最後を飾る儀式が、そんなに価値のないものなのでしょうか。

無論、お葬式にお金をかけて派手にせよというのではありません。でも、私は人生の終焉を荘厳する儀式は、結婚式などより、ずっと重みを持つものだと考えています。結婚式は場合によって何度でもできますが、どんな人にとってもお葬式は一度切りなのですから。

それにこれも大きな問題なのですが、家族だけでとはいっても、実際には関わりの深い友人もいれば知人もいます。お世話になった人も多いことでしょう。人間は一人で生きているのではありません。つながりのなかで生きているのです。「誰にも知らせないで、火葬して欲しい」とおっしゃる貴方はそれでいいでしょうか、知らされなかった人の気持ちはどうなるのでしょうか。お葬式に駆けつけて、最後のお別れをしたいというのは、誰にでもある人情です。それができなかったら悲しい無念が残ります。

「家族葬で」、「直葬でも構わない」と言う前に、本当にそれでいいのかどうか、考えてみてください。

問4 喪主と故人の宗派が違います

これは難しい問題ですね。かつてこんなことがありました。四十代の男性が亡くなりました。そのお宅は浄土真宗です。しかし奥さんが個人的に、ある新宗教に入会していて、しかも相当に熱心な信者になっていました。

奥さんは自分が入会している宗教のやり方で夫のお葬式を行おうとしました。ところが猛然と反対したのは故人のお母さんと兄弟たちです。

「うちは代々浄土真宗に決まっている。息子の葬儀を違う宗教で出すことなんてとんでもない」と、お母さんが主張すれば、「いいえ、主人もすべて私に任せると言っていましたから」と、奥さんも一歩も譲りません。兄弟たちはお母さんと一緒になり、奥さんを取り囲み、口々になんとか説得しようと必死になり、ついには殴り掛からんばかりの勢いで詰め寄りました。それでも折れません。

言い争っていては、いつまでもお葬式を出せないので、結局、お葬式はやむをえず、奥さんの宗教で行い、火葬した後のお骨は、お母さんが自宅に持って帰り、中陰法要は、浄土真宗で行うことで一応決着しました。

これは状況からして、それ以外に方法がなかった極端な例ですが、そこまでいかなくても、困った事態になった例は多くあります。故人がこうして欲しいと、はっきりした意思表示を生前に残しておいてくれれば事情は違ってくるのでしょうが、その辺が曖昧《あいまい》なまま亡くなってしまうケースが多いですから、よけいにややこしいです。

こういうことになることが予測されている場合は、普段から話し合えていればいいのでしょうが、宗教というものは、皆自分の信じる宗教が最高最善だと思っていますから、話し合いにならないことが多く、これも困難です。では、どうしたらいいかといえば、いい方法などありません。最終的にはお互いに譲り合って、決着をつけねばなりませんが、どちらになるかはそのとき次第です。

ただ、冒頭に挙げた例の場合、仕方なくお葬式だけは嫁の言う通りにしようと諦めたお母さんですが、「あんな宗教で葬式されて、息子は迷っちゃおりませんかね。ちゃんと阿弥陀さんの世界に行ってるんでしょうかね」と、しきりに心配されるので、「お母さん、阿弥陀さまのお慈悲はそんなにちっぽけなものじゃありませんよ。お葬式がどうであれ、お浄土に生まれ、仏さまにさせていただくことに間違いはありませんよ」と、お話ししました。本当に安心した表情をされたことが、混迷したお葬式のなかでの救いでした。

問5 遺言で「葬儀はするな」と書かれていました

「父が、自分が死んでも葬式はするな、と遺言していたものですから、どうしようかと迷っています」

お父さんが亡くなったという知らせと同時に、こんな相談を受けました。たった今、息を引き取ったお父さんは、常日ごろから、死んでも葬式などしてくれなくていいと言われていたのです。しかし娘さんとしては、本当に何もしなくていいものかどうか、当惑されているわけです。

実際、故人の意志を尊重するのなら、それこそ何もせずに火葬してしまうのが一番なのでしょうが、現実問題として考えると、なかなか難しいものです。まず、「葬式をするな」と言われていたということなのですが、本当にまったく何もするな、という意味なのでしょうか。「仰々しいことをするな」というニュアンスなのではないでしょうか。普通、自分の葬儀を華々しくやってくれという人などほとんどいません。大抵は、ひっそりとやって欲しいと望むものです。「葬式をするな」という言葉は、派手なことはやってくれるな、という意味だと受け取った方がいいです。

お釈迦さまは、入滅が近くなるとお弟子たちに向かって、「私の葬儀には関わるな」とおっしゃいましたし、親鸞聖人は、「私が目を閉じたら、川に投げ捨てて魚に与えよ」と言われました。偉い人はそんなものですね。でも、そう言われたからといって、遺された者たちは、その言葉通りにしませんでした。親鸞聖人が川に投げ捨てられたということはありません。

火葬されたお釈迦さまの遺骨は、インドの各地に分骨され、仏舎利として篤く敬われ、それが仏教の発展につながっていきますし、やはり火葬された親鸞聖人の遺骨を納めた廟塔が、やがて本願寺となっていくのです。

葬儀は、亡くなっていく本人がするものではありません、遺された者がするのです。お父さんが、葬式はするなと言われていたとしても、娘さんには肉親としての情があります。何もするなと言われても、何かせずにはおれない気持ちがあるのは当然です。それに、生前お父さんといろいろな形で関わり、ご縁のあった人たちが、お別れをしたいというのもごく自然な感情です。お葬式はご縁のある人が人生最後のご挨拶をする場でもあるのです。お父さんの意志を尊重して、派手でなくしめやかに、ああ、お葬式をやってよかったと思えるお葬式ができればいいですね。

答 故人の意志を尊重しつつ、遺族の気持ちを大切に

？問6 お寺が遠いところにあります

江戸時代の話ですが、「所払い」という刑罰がありました。住んでいる土地から追放されるのです。たったそれだけのことですが、どうして刑罰だったのかといえば、当時は住み慣れた土地を離れて、他所で暮らすということがそれほどに困難であったからです。そう簡単にはよそ者をうけいれてくれる社会ではなかったのです。逆にいえば、人間はそれほどに生まれ育った土地に根をおろしていたということです。お寺も先祖代々、同じ土地にあり、そのお寺を護持する在家も、親から子へ、子から孫へと、一つの場所に住み続けていました。当然、お墓もその土地にあるのですから、いつだってお参りができました。

ところが、そうした伝統が一変したのが現代社会です。人は簡単に生まれ育った土地を離れ、自由に他所へと移り住む時代となりました。田舎から都会へと人は流れ出し、とくに若い人はほとんど職を求めて故郷を離れ、日増しに過疎になっていきました。そうして田舎には年老いた人ばかりが残るようになり、その人たちが亡くなってしまえば、もはや生まれ育った故郷とのつながりが断たれてしまって、誰もいない故郷に、お墓だけがポツンと残されるという問題も生じてくるのです。先祖代々の過去帳があるお寺を、一般に菩提寺、浄土真宗では、「お手次ぎのお寺」と呼びますが、それもはるか遠くにあり、といって、新しく移った土地のお寺とのご縁もできないまま、さて、お葬式となった場合は本当にとまどいますね。

しかし、遠くにあっても一度はお手次ぎのお寺に連絡してみてください。遠くてもお葬式に来てくださる場合もありますよ。でも、お葬式は、その前に枕経もあればお通夜もありますし、式が終わってすぐにお骨揚げがあります。さらに中陰のことも考えれば、遠くにいてはとても無理だという話になることが多いです。その場合でも、たまたまお手次ぎのお寺と親戚であったり、友人であったりするお寺が近くにあって、そこを紹介してもらうということもあります。まず、お手次ぎのお寺に尋ねてみることです。

お手次ぎのお寺に来ていただくのは不可能だし、近くにお知り合いのお寺もない場合には、自分で近くにある同じ宗派のお寺を探すことになりますね。これは普段から気をつけておくといいですよ。同宗派のお寺の場所を確認しておくのです。どうしても分からない場合には、各地にある本山の別院などに問い合わせると教えてくれます。それでも分からないなら、葬儀社に頼んで派遣してもらうことになりますが、その前に、なるだけ自分で探す努力をしてみましょう。その方がいいです。

答　とりあえずお手次ぎのお寺（菩提寺）に連絡してみましょう

?

問7 小さな子どもに遺体を見せてもいいのでしょうか

戦乱の世とは違って、平和な日本です。普通の状態では、人間の死というものに出遇うことはそうはありません。それは結構なことですが、「死」という、生物にとってごく自然であたりまえの現象が、何だかとても異様なもののように感じてしまうものです。

生は自然なもので、死は不自然なもの。そのように錯覚してしまっていることが、現代という時代の大きな病状だと思うのですが、それはまあ置いておきましょう。しかし、小さな子どもに遺体を見せるのはいかがかという質問自体、死という誰しも逃れることの不可能な現実を遠くに追いやり、見ぬふりをしようという現実にほかならないのでしょう。昔は、人は自分の家で死んでいくのが普通で、家族は人が死ぬというありさまを見つめていました。ところが、今では人は病院で死を迎えます。それだけ死というものが遠くなりました。

そういえば、最近は、「霊柩車」が走っている姿も見ることが、都会ではなくなってきました。それに変わって遺体を火葬場へ運んで行くのは、スマートな寝台車です。霊柩車なら一目で死者を乗せていると分かりますが、寝台車の場合はそれと気づくことが少ないです。

これもまた、死というものを遠くに追いやってしまっている典型的な現象なのでしょう。でも、いったいどうして、人の死に関するものをそんなにスマートに見せなければいけないのでしょう。死というものをしっかりと見据えないと、生の意味だとか、生命の大切さとかが分からないのです。死とは平等で公平なものです。誰にでもかならずやってくるものです。世のなか、何が公平かといって、死ぬことほど公平なものはありません。

だから、逃げたり隠れたりしないで、正面からしっかりと死を見つめればいいじゃないですか。家族が死んでいくということを仏教的にいえば、死ぬという事実を、この私に教えてくださっているのです。死とはスマートなものでも美しいものでもありません。そして、人は生き物である以上、間違いなく終わりがくるものです。そうしたことを、亡き人は、死の現実を通して、今、この私に教えてくれているのだと受け取っていく。そうしてこそ人間はやっとのこと、生命の尊厳とか大切さを感じとっていけるのです。

だから、子どもにも見せましょう。しっかりと見せましょう。怖いものだと教えてはいけません。それにはまず、大人が死者を怖いもの扱いしないことです。尊いことを教えてくださる仏さまなのですから。

問8　喪主は誰が務めるべきでしょうか

喪主というのは、葬儀の主宰者です。実際に会葬者にお礼を述べたりするなど、大変な役割です。社葬や一般の葬儀でも、人数が多い大規模なお葬式では、葬儀委員長を立てることが多いですが、通常では、喪主が最高責任者です。

さて、それでは大変な喪主を誰が務めるのかということですが、故人と一番近い関係にある肉親が喪主になるのが普通です。妻が亡くなれば夫、夫が亡くなれば妻が務めます。原則は不幸にして未婚の子どもに先立たれたら、親が辛い喪主をしなければなりません。原則はそうなのですが、配偶者が務めるといってはみても、あまりに高齢であったり病気がちであったりしてそれが不可能な場合も多いのです。実際にあった話ですが、九十歳の奥さんを亡くされたご主人、奥さんより五歳年長なのですが、無理を押して喪主を務められて、結局、式の最中に体調を崩され、そのまま入院となってしまいました。

喪主という役目は形式だけかと思われがちですが、いざ始まってみるとやることがいっぱいで忙しいものです。自分が一番表に出なくてはなりませんし、挨拶もしなくてはなりません。いろいろな人が、あれこれと相談や打ち合わせにやって来ます。そうしたことで喪主というのは肉体的にも精神的にも、かなりの負担を強いられるものです。形式的には

答

一般的には故人と一番近い関係の肉親が適当でしょう

最も喪主にふさわしいと思われても、無理はしないでおきましょう。だから、そういう場合は長男なり長女なり、子どもが務めたほうがいいですね。子どもが女の子ばかりで、それが全部嫁いでしまって、姓が変わっているといった場合もあります。そういう場合にはどちらかというと、長女よりも、長女の夫が喪主を務める場合が多いです。まだ今の日本の社会では男性が表に立つ方がいいと思われていますから、実の子より義理であっても男性の方が丸く収まるということでしょう。

しかし、以上に述べたことは、あくまでも一般的ということであって、話し合って誰が喪主を務めてもいいのです。そして大切なことは、喪主を決めたら、皆が心を合わせて喪主を助けてあげることです。やはり家族の葬儀となると、それぞれの意見があり、それを言いたいものです。でも、それを主張し出すと収拾がつきません。喪主に従いましょう。もう一度言いますが、喪主は葬儀の主宰者であり、最高責任者です。喪主がこうすると言ったら、その通りにすることです。こういうことを言うのも、喪主のすることに不服で、それぞれが好きなことを言い出して、とうとう厳粛であるべき葬儀がメチャメチャになってしまったという例を、あまりにも多く見てきたからです。

問9 故人は本当に成仏したのでしょうか

お風呂のなかで突然死された方の枕経に出かけたときのことです。それほどの年齢でもないのですが、湯に浸かりながら突然に脳出血を起こして、あっけなく亡くなってしまったことが、受け容れられなかったんでしょう。娘さんが泣きながら、「父は本当に成仏したんでしょうか」と問われたんです。

こんな死に方をしてしまって、お父さんは迷っていないだろうか、ちゃんと仏さまになっているんだろうかと、心配なさっているんです。そこで、生き方や死に方がどうであれ、かならず救うという阿弥陀さまのお慈悲の話をさせてもらいました。「死の縁、無量」といいますが、本当に人間が生命を終えるありさまは千差万別です。その死に方によって、救われるか救われないかが左右されるなら大変ですが、そうではありませんから、それは安心していいんです。死に顔が美しいとか醜いとか、世間ではあれこれと言いますが、そんなことは関係ありません。

それにしても、と思うのは、たった今、生命を終えたお父さんの枕元で、成仏したのかどうかを問う娘さんのことです。多分、普段はそんなことは考えてもおられないことでしょう。成仏するとはどういうことか。いったい人間は死んでどうなるのだろうか。そういった問題が、今、娘さんに突きつけられているわけです。「非常の言は常人の耳に入らず」という言葉がありますが、非常の言というのは、仏さまの言葉ということです。仏の教えといってもいいでしょう。その尊い仏の教えは、日常のなかで平凡に暮らしている間は耳に届きません。それが、常人の耳に入らず、です。しかし、家族が亡くなると、私の日常が日常でなくなるのです。そのときになってはじめて人間は非常の言である、仏さまの教えが届くのです。そういうものなのです。

娘さんに仏さまの話をしながら思ったのは、今、仏さまとなったお父さんが、娘さんを導いておられるのだということです。それが仏縁というものなのでしょう。私たちは、亡き人が救われているのかどうかを心配します。しかし、それ以前に、すでに亡き人は仏さまとなって、家族に仏さまの教えを聞くようにされているではありませんか。それはきっと、迷いの世界にいる私たちを捨ててはおけないからでしょう。「千の風になって」という歌がありましたが、目には見えないけれど、亡き人は仏さまとなって、いつでも私を救おうと働きかけておられるのです。

?

問10 枕経とは何ですか

「枕経をお願いします」。誰かが亡くなると、そう言ってお寺に電話がかかってきます。時代の変化でしょうか。昔は夜中の一時であろうが二時であろうが、枕経の依頼の電話があって、眠い目をこすりながら、用意をして出かけたものです。最近は葬儀社のアドバイスもあるのか、朝になるのを待ってお寺に連絡することが普通のようになっています。どうして、それほどまでに枕経を急ぐのかといえば、一刻も早くお経をあげてもらわないと、死んだ人が成仏できない、行く所へ行けないのではないかという思いがあるのだと思います。とにかく死者の枕元で、早くお経を聞かせてあげたいのです。

さて、その「枕経」のことですが、枕経とは何かということになれば、仏教と一口にいってもたくさんの宗派がありますし、宗派によって意味も大変に違ったものになってきます。浄土真宗に話を限定しての話ですが、死んだ人を成仏させるために唱えるのが枕経ではありません。枕経は正式には、「臨終勤行」と呼び、文字通り、生命が終わるときに臨んだおつとめです。本当は、生命を終えていこうとする本人が、長年親しみ、手を合わせてきたお仏壇の前で、人生最後のおつとめをするのです。「阿弥陀さま、この私の一生を、照らし護ってくださって、本当にありがとうございました。今こそ、阿弥陀さまの世界に生まれさせていただきます」という心でつとめるのが枕経なのです。

でも、今はそれをしたくても、滅多にお仏壇のある自宅で生命を終えることができません。ほとんどが病院のベッドの上で死を迎えるのです。また、自宅で死ぬことができるにせよ、苦しみが大きくて、とてもお仏壇の前に座ることが困難なものでしょう。

だから、住職が本人の代理としておつとめをするのです。それが枕経の本意なのです。

枕経に呼ばれて、そのお宅に着いてみて困るのは、お仏壇が閉めたままになっている場合が多いのです。誰かが亡くなると、お仏壇の扉を閉めるものだと思い込んでおられるのか、「お仏壇を開けて、きちんとお飾りをしてください」と言うと、「えっ、開けておくものなんですか」と、驚かれることが多いのです。開けておくと親戚の人がやって来て、「閉めなきゃダメ」と、閉めてしまうような場合もあるようです。困ったものですが、家に死者がでると、神棚に白い紙を貼るなどして、目隠しをしますが、それと間違っておられるようです。もちろん、お仏壇の扉は開けて、きちんとお飾りをしておかなければなりません。亡き人に代わって、阿弥陀さまの前でおつとめをするのですからね。ただし、お花は派手な色は避けるなど、ちょっとした配慮は必要です。

答 人生最後のおつとめを、住職が代わりにつとめるのが枕経です

問11　通夜ってそもそもどういう意味があるのですか

通夜は文字通り「夜通し」ということです。浄土真宗の本山である本願寺では、毎年宗祖・親鸞聖人の御命日に、一週間に及ぶ報恩講という法要を勤めます。正確にいうなら、ご命日の一週間前から始めて、いよいよ明日は御命日の当日という夜に、夜通しの法話を聞く座が設けられています。それを、「通夜布教」と呼んでいます。これは毎年、親鸞聖人のお通夜をしているのです。さあ、明日はいよいよ親鸞聖人がお浄土にお還りになる。その前に、夜を徹して、尊い教えを遺してくださってありがとうございましたと、お礼を申す場なのです。

お葬式の前夜の、お通夜もそうです。明日は焼かれて行くのです。人間としての形のある最後の夜ですから、夜通し、肉親やごく身近な友人が集まって、故人の生涯を思いやっていくのがお通夜です。葬儀は、午後一時から二時までというように、始まりと終わりの時間が示されますが、お通夜は午後七時からと、始まりの時間はあっても、何時までという終わりの時間は告げられません。夜通しだから時間制限がないのです。

お通夜はお葬式とはぜんぜん性質が違うものです。葬儀と違って、お通夜はごく親しい人たちで行われるもので、誰も彼もが参加するものではありません。ところが最近は、お葬式とまったく同じやり方で、司会者がつき、焼香の案内がされたりしています。お葬式を二回やっているようなものです。それに服装も、お通夜は平服であるはずなのに、いつの間にか全員黒づくめです。お葬式に行けないので、お通夜にだけお参りするので、お葬式と同様の服装で出かけるという理由らしいですが、それをあたりまえと思ってもらっては困ります。おかしいことなのです。おかしいことをしているのに、皆がそうなってしまうと、おかしいことではなくなってくるという、一つの現象が、今のお通夜の姿です。

もう一つ、浄土真宗の場合ですが、お通夜のおつとめは、「正信偈」が多いです。これは日常のおつとめなのです。朝夕、自宅のお仏壇の前で唱えているもので、お通夜だからといって、特別なおつとめはしません。そもそも浄土真宗には、どうぞ生命の行く方を救ってくださいと、祈ったり願ったりすることはありません。阿弥陀さまが、こちらが願う前に、ちゃんと引き受けてくださっているのですから、心配することはないわけです。だからお通夜では、故人の人生最後の夕べのおつとめを、皆で代わりにさせてもらっているのです。これも、本来のお通夜とは何かを示しているものですね。とにかく最近のお通夜は仰々しすぎるのです。

答 身近な人々が故人の生涯をおもいやっていくのがお通夜です

問12 通夜と葬儀の場所はどこがよいのでしょうか

人間の生も死も、自宅というものから離れる時代です。人生の終焉も、病院のベッドの上で息を引き取るケースがほとんどです。

昔は何から何まで自宅でやりました。出産も婚礼も、そしてお葬式も、自分の家で行ったものです。今は違いますね。出産は産婦人科の病院、結婚式は大きなホテル、お葬式は葬儀社の会館やホールが主流になっています。

これは特に都会で著しい現象なのですが、病院で亡くなった後、遺体は家に帰されず、そのまま葬儀式場に運ばれ、お通夜、お葬式と進むことが多いです。さらに、葬儀が終わり火葬され、お骨になってからも、家ではなくて葬儀式場に戻され、お骨揚げと初七日の法要まで済ませて、ようやく家に帰されるのです。まあ、その方がスムーズですし、面倒でないのでしょうが、少し淋しい気がします。

こうなると不自由さを辛抱しながら、白い幕を張って自宅で勤めたお葬式が懐かしく思えてきます。夏などは冷房もなく、とてつもなく暑かったですが、今から思えばいい時代でしたね。

マンションなどではエレベーターの寸法の関係で無理なのですが、せめて病院から一度は自宅に連れて帰って、お仏壇の前で枕経を勤めてあげたいと思います。式場にはその後に移動すればいいのですから。どうして、それほどに自宅にこだわるのかといえば、やはりそれが本来の形だろうと思うからです。

しかし、現実に自宅が無理となると、お葬式の場所は、お寺を借りるか、葬儀社の葬式専用の会館となります。火葬場に葬儀を行える式場が備えられている所もあります。どこを選ぶかは自由ですが、お葬式の規模や、予想される会葬者の数、それに交通のアクセスなどを考慮して決めればいいでしょう。前述のように、火葬場が式場に隣接しているか、ごく近い位置にある場合は問題ないのですが、遠い場合には、火葬場までの往復の所要時間というのも、考えに入れておいた方がいいと思います。遠方から来ている人は、帰りの時間も気になるものですから。

いざとなって慌てないように、普段から葬儀の会場をどこにしようかということは、心のどこか隅の方に置いていた方がいいでしょうね。「死」に関することは考えたくないというのは人情ですが、まぬがれようがないことは、きちんと正面向いて考えてみるということは、人間としての大きな責任だと思いますよ。

問13 通夜まで遺体をどこに安置したらいいでしょうか

最初にも書いたように、「畳の上の往生」と言ってみても、それは今では稀なことになっていて、実際は、病院で亡くなる人がほとんどです。病院のベッドの上での往生というのが普通になっているのです。

ついでに言うと、「往生」というのは、往きて生まれるということで、仏教、特に浄土宗や浄土真宗のような宗旨では、人の死を、阿弥陀さまの極楽浄土に往き生まれることだととらえているのです。

それはいいのですが、病院のベッドの上で往生すると困ったことが一つあります。すぐに追い出されてしまうのです。もうちょっとゆっくりさせてくれてもいいではないかと思うのですが、病院とは病気の人を治療する場所であって、もはや治療の必要がないとなれば、一刻も早くそのベッドを必要な人のために空けて欲しいということなのでしょう。

ともあれ、ぐずぐずはしておれません。家族がまず何を置いてもしなくてはならないのは、早く病院から出すことなのです。それには、病院に関わっている葬儀社か、自前で頼んだ葬儀社の人に依頼しなければなりませんが、いずれにせよ、遺体はすぐに病院を出て、どこかに運ばれることになります。

答 やむをえない場合以外は自宅が望ましいですね

ここでお願いしたいのは、できる限り自宅に帰らせてあげて欲しいのです。どうしてかという理屈は抜きです。情です。人間の情として慣れ親しんだ自分のお家に連れて帰って欲しいのです。お寺さんに来てもらって勤める枕経も、やはり自宅のお仏壇の前でというのが理想です。お仏壇をきちんとお飾りしてお勤めすることが最も自然な形だろうなと思います。

ところが、現代社会の住宅事情で、自宅に連れ帰るのが不可能な場合も多いのです。マンションなどの場合、エレベーターに乗せることができないですし、どうしようもないこともあります。そんな事情から、葬儀の会館やお寺に連れて行くこともあります。火葬場の関係で葬儀の日が延びる場合には、何日でも預かってくれる施設もあります。そうすることでお家に帰るのは、お骨になってからということになってしまいますが、それもやむをえないというのが現代という時代の悲しさの一つです。もっと悲しいのは、たんに面倒臭いという理由で、自宅に連れ帰るのが可能なのに、いきなり葬儀社の会館に運んでしまうということも結構多いことです。自宅に帰らないのは、あくまでもやむをえない場合だと思います。

問14 通夜ぶるまいは必要でしょうか

お通夜のときに出す食事のことを、通夜ぶるまいと呼んでいます。これが必要かどうかは時と場合です。

何度も言うように、お通夜は本来、家族と肉親、それにごく親しい間柄の人たちだけで行われるものなので、それが守られていれば通夜ぶるまいも何もいらないのですが、最近のように、お通夜がまるでお葬式のような状態になっている現状では、来てくださる方の食事の心配までしなくてはならないのです。

普通、通夜ぶるまいは、お通夜のおつとめが終わってから出されます。食事をすませていない人には、それでお腹を満たせてもらい、夕食はすませて来た人にも、ゆっくりとしていって欲しいということで、料理がテーブルの上に並べられます。これも少し昔は、近在の人が自宅で煮炊きしたものが出されたものですが、時代の流れとともにそうした風習はだんだんと姿を消し、料理屋から運ばれたオードブルやおにぎり、それからお寿司などが主流となっています。

その用意が必要かどうかは、遺族以外にどれほどの人がお参りに来られるかどうかという予想に基づきます。まあお付き合いがほとんどなく、二人か三人しか来ないのだろうなというのなら必要ないでしょうし、たくさんお参りがあるという予想なら必要です。注文の分量は予想される人数に比例します。人が来るか来ないか判断に迷う場合は、念のために用意しておくというケースが多いです。結局、誰も来ずにせっかく用意したものが無駄になってしまうことがあり、食べ物だからもったいないのですが、それは仕方がありません。

通夜ぶるまいの席ではお酒も用意してあるので、つい飲み過ぎて宴会のような雰囲気になり、大騒ぎしている場面もよく目にしますが、やはり故人の人間の姿のある最後の夜、ということを思うと、やめて欲しいものです。「故人は賑やかなことが好きだった」などは騒いでいい理由にはなりません。

それと、ある葬儀会館でのことですが、通夜ぶるまいが、立食パーティーのようなバイキングで、そこに出ている料理が、ステーキとかローストビーフなのには驚かされました。違和感が大きいのです。お通夜だからといって、別に精進料理にせよとは言いませんが、これほどまでなると、もう少しお通夜にふさわしい料理を考えてくれればいいのにと思いますね。

問15 葬儀社の選び方を教えてください

葬儀の形も、家族葬と呼ばれる小規模なものが増え、さらには直葬という、はたして葬儀といえるのかどうか分からない弔いも現れてきました。

しかし、どのような形であれ、遺体を運び火葬にする一連の作業は、素人にはできません。かならず葬儀社の助けを必要とします。無宗教でお寺を呼ばない場合でも、葬儀社を呼ばないわけにはいきません。自分一人ではどうにもなりませんし、親戚や友人がどれだけ集まっても、遺体をきれいにし、納棺し、火葬するのは無理な話です。これだけはどうしても専門職に任せるしか仕方がないというわけです。

それほどに必要なものであり、人間としての最後の儀式をゆだねる業者ですから葬儀社選びは慎重でなくてはなりません。とはいっても、大抵の場合は、家族が亡くなってしまってから大慌てで、葬儀社を探すということになりますね。人間は生き物である限り、いつでもどこでも死ぬ可能性があるのですから、普段から心がけて、いざとなったらどこに頼むかを決めておけばいいんですが、そういうことを考えようとするのを否定する向きがあるんです。「縁起でもない」と、死に関する話題を敬遠して、後回し後回しにしてとうとう何も決めないままに死を迎えてしまうのです。敬遠しても死はかならずやって来るものなんですから、葬儀をどこに頼むかということは気にかけておいた方がいいですね。どんな飾りつけをしているのか、印象はどうだったか、お葬式に出席したときなど、ちょっと注意してチェックしておくとか、葬儀を出した友人知人に聞いてみるのもいいですね。

一つ注意しなくてはならないのは、病院で亡くなった場合、それぞれの病院には特定の葬儀業者が入っていて、否応なしにその業者に依頼せざるをえない場合が多いです。ただ、お通夜から葬儀までの一切を、その業者に頼まねばならないかといえば、そうではありません。あらかじめ決めている葬儀社がある場合は、その由を申し出ると、病院を出るまでは病院指定の業者が請け合い、それ以後はこちらが決めた葬儀社が引き継ぐことになります。ただ、このことは最初によく確認し、双方の業者によく了解してもらっていないと、トラブルの原因になります。実際に、このことで混乱した実例を何度も見てきましたが、そうなるのは、喪主の意志が不明確であることによる場合がほとんどです。喪主はいくつもの同時にしなくてはならないことがいっぱいあって大変ですが、葬儀はどこに任せるかということは、何をおいても決断していただきたいことです。

答 普段からどこの葬儀社がいいか気にかけておくといいですよ

問16 挨拶は何を言えばいいでしょうか

お葬式を終えて、いよいよ火葬場へと出発する際の、喪主の挨拶ですね。

喪主に代わって、葬儀社の人がお礼の挨拶をされていることも多いですが、ここはどんなに下手でも、喪主自身が行う方がずっといいですよ。代理に葬儀の司会者が挨拶をすると、無難な通り一遍の内容になってしまって、会葬に来てくださった方の心に届かないことが多いです。流暢すぎるとしらじらしく感じてしまうものなのですね。

「何を言っていいか分からない」という人も多いのですが、別に難しいことは必要ありません。何より、わざわざ会葬に来てくださったことに対する感謝です。「本日は、お忙しいなかをありがとうございました」。この一言で、必要にして十分なのです。悲しみがこみあがってきて声にならないのなら、何も言わなくてもいいです。思いは伝わりますから。

もう少し心に余裕があれば、どのように亡くなっていったのかという経過を、簡単に説明するのもいいでしょう。故人への思いを述べるのもいいでしょう。これもまた、上手に言う必要はありません。正直な気持ちを、そのまま言葉にするのが一番です。

挨拶といえば、逆に、家族を亡くした人に対するお悔やみの言葉も、どう言ったらいいか分からない、何を言えばいいのかという質問もあります。これに対する答えも同じことで、上手く言う必要はないのです。親鸞聖人は、「人が悲しんでいるときに、悲しみを加えるようなことを言ってはならない」と、おっしゃっていますが、こんな失敗はよくありますよ。「ねえ、辛いよねえ、悲しいよねえ」と、大声で家族に語りかけているのですが、言われなくても悲しいし辛いのです。わざわざ言わなくても分かっていますし、言われれば、ますます辛くなってしまうでしょう。

励ましも考えものです。「悲しんでいてもしょうがないから、しっかりしなさいよ」。「さあ、がんばって」。こんな励ましは、お葬式が終わって、さらに満中陰も終わった頃にかける言葉です。自分の身に置き換えると分かることですが、家族をなくすと、しばらくは茫然とするしかない喪失感に襲われて、何をしようにもできないほどに落ち込みます。がんばれと言われても、がんばりようがないのです。エネルギーが失われているのです。

その回復には時間が必要です。少なくとも満中陰をすませるくらいの時間がいるのです。だからお悔やみの場合も、あまりいらざることは言わないで、そっと頭を下げておく程度がいいのだと思います。

答 正直な気持ちをそのまま言葉にするのが一番です

問17 葬儀と告別式の違いは何ですか

葬儀と告別式は全然違います。葬儀というのは、ある特定の宗教による、宗教的な意味合いを持つ葬送儀礼であり、告別式は、たんなる故人を偲び、お別れを告げる行事です。普通に見られる仏式のお葬式では、この二つの異なる儀式と行事が、一連の流れのうちに行われているのですが、お気づきでしたでしょうか。

僧侶が入場着座して勤行が始まり、その間に会葬者がお焼香をし、終わると僧侶が退席します。そこまでが宗教儀礼である葬儀、つまりお葬式です。それから、喪主自身が、あるいは司会者が喪主に代わって会葬者にお礼を述べて、次に棺の蓋が開けられ、親族や友人知人が、棺のなかを覗き込んでお顔を見て別れを告げ、お花を棺に敷き詰めていきます。そして蓋が閉められ、棺は霊柩車や寝台車に運ばれていきますね。それが告別式なのです。

この告別式が行われている間、葬儀をすませたお寺さんは、控え室で大急ぎで七条袈裟という華麗な衣装を脱ぎ畳んで、火葬場へ向かう用意をしているのです。

大規模な社葬などのように、先に密葬があって、後日に本葬を行う場合、本葬ではすでにお骨になっていますから、告別式はありません。また、「お別れの会」などの名称で行われる故人を追悼する集まりは、告別式であって葬儀とは呼びません。

答 故人を仏さまとするのが葬儀、人間とするのが告別式です

ただ、習慣というものは、地方によって驚くほど違ったもので、一般的にはお通夜を経て、お葬式を終えてから火葬という運びになりますが、先に火葬してからお通夜というところもあります。その場合は、先に告別式をするのだと考えてもいいでしょう。

浄土真宗の場合でいうなら、葬儀は、亡き人を仏さまと仰いで行うものです。阿弥陀さまに救われ、生命終わると同時に極楽浄土へ生まれ、阿弥陀仏と同様の、光り輝く仏さまとなり、一切の生きとし生けるものを救う身となられたのだと、亡き人を仰いでいくのです。それが私の父であれ母であれ、友人であれ知人であれ、尊い仏さまとなられたのだと手を合わせるのが葬儀です。一方、告別式は人間としての亡き人に、尽きせぬ思いをもってお別れする場です。もう一度言うなら、亡き人を仏さまと仰ぐのが葬儀で、人間としてのお別れをするのが告別式なのです。

この両者の違いは、同じ場所で連続して行われるために意識することはほとんどないのですが、亡き人はただの人間ではない、もはや智慧も慈悲も完全な仏さまだと仰ぐ世界と、人間として生きる時間を共有した人との別れを惜しむ世界が両方ともに用意されている、考えてみればよくできた構造だといえると思うのです。

問18 友引にお葬式をしてはいけないのですか？

「友引にはお葬式を出してはいけない」。よく言われることです。先勝・友引・先負・仏滅・大安・赤口は、中国から伝わった暦である、六曜とか六輝とか呼ばれるものの一つですね。旧暦の一月一日は先勝、二月一日は友引、そして三月は先負で始まることになっているのですが、それが新暦の時代となった今も、旧暦の日にあてはめてカレンダーに書かれているのです。

同じ曜日の数え方でも、日曜とか月曜とかいうのならそんな感じはしないのですが、六曜の場合は、漢字そのものが、ごく意味ありげのようで、「仏滅」と書けば、何となく縁起が悪いような気がしますし、「大安」なら、良いことばかりで、悪いことなど起こらないように思うのも無理からぬことです。

そこで、「友引」ですが、この友引の日は、お葬式を出してはいけないことになっていて、現代でもこれを気にする人は非常に多いです。もちろん、「友を引く」ということで、死者が一人で死んでいくのが淋しいので、葬儀に参列した誰か親しい人を道連れにしていくので、その日にはお葬式は出さないということです。

ここまで読んでみて、「なんだ、語呂合わせか」と、笑い飛ばせるのなら話は簡単なのですが、「友引」は元来、「共引」であって、勝負事が引き分けになることだったのだという説明をしてみても、人間の心はどこかにこだわりを残しているものなのです。万が一、本当だったらどうしようという思いがあるのでしょう。

全国の自治体によっては、この迷信を利用して、友引は火葬場が休みになっているので、お葬式を出したくても出せないことになっています。そうでない所では、人形をお棺のなかに入れて、道連れの身代わりにしたり、「友引」の有効性はその日の午前中までという解釈で、午後にお葬式を出したり、いろいろと苦労しています。

「ぜんぜん気にしなくてもいいのだから」と説明しても、「いいえ、私はいいんですけど、もし誰かが亡くなったら、友引に葬式などしたからだと、責められます」という理由で、一日遅らせる場合もあったりして、この迷信はなかなか根強いのです。でも、これだけは考えていただきたいのは、大切な人のお葬式を、たんなる語呂合わせの迷信で振り回していいかどうかです。それと、友引にお葬式を出そうが出すまいが、人間はいつでも死ぬ可能性を持っているものです。その現実と向かい合う方が、語呂合わせを気にするよりもずっと大切なことではありませんか。

答 たんなる迷信ですが、火葬場が休みのこともあります

問19 死装束は必要ですか

死装束は、葬儀社が用意してくれますね。白い着物に白い足袋、それに手甲脚絆。まるでこれから巡礼に出発するような旅姿です。今はどうか知りませんが、一昔前は、六文銭を印刷して白い頭陀袋まで首に懸けました。言うまでもなく、六文銭は三途の川の渡し賃です。もっとも、貨幣価値がまったく異なる現代でも、はたして六文で通用するかどうかは分かりませんが、とにかく渡し舟に乗せてもらえなかったら大変です。深みに溺れながら歩いて渡るしか仕方ありません。地獄の沙汰も金次第といわれますが、まさにこのことですね。

しかし、今では、そんな死装束にとらわれないで、普段着ていた寝具など着せることも多くなりました。もっと立派なスーツや着物という場合もあります。スーツは、実際に着せてあった例もあれば、寝巻きを着せた上に、本人が一番気にいっていたものを、畳んで置いてあった例もありました。要するに何でもいいのです。伝統的な死装束でなければ、いい所にいけないということではありません。

第一に、生命終えて、今さらどこに向かって旅に出ようというのでしょう。逆ですよ。人生そのものが旅であって、生命終えたときに旅は終わったのです。よく法話で使う話なのですが、旅行はどうして楽しいのかといえば、帰る家があるからです。本当に寛《くつろ》げるのはわが家です。旅を終えて、思う存分、手足を伸ばせるわが家という存在があるからこそ、旅行は楽しめるのです。だって、帰る家がない旅は、放浪なのですから。

人生という旅を終えて、帰る家があるとないとでは大違いですよ。往生というのは、わが家に帰るということです。私にとって懐かしい人が皆、待っておられるのがわが家なんです。

そして、その浄土というわが家には、長い間の旅をしてたどり着くのではありません。アッという間です。だから、死んで旅に出るという考え方は浄土真宗にはありません。ですから、旅に出る格好である死装束は不要です。

ただ、どんな衣服でも構いませんが、組んだ両掌に、念珠はかけてあげてください。どうせ燃やしてしまうのだからと、コンビニに売っているような念珠ではなしに、それこそ本人が生前に使用していた念珠とか、それでなければ上等な念珠にして欲しいですね。念珠をかけるのは、ずっと旅をしていた人生は、じつは、仏さまに願われ、仏さまに照らされ、仏さまに育てられて来た人生なのだという、尊い証しなのです。

答 なんでもいいですが念珠だけは忘れずに

問20 清めの塩はいらないのですか

いらないですよ。清めといいますが、いったい何を清めるのですか。

こんなことがありました。今、お葬式を自宅でやることは本当に少なくなりましたが、昔はそれが普通のことでした。導師が衣装を着替えて待機するために、お葬式を出すお宅の、ご近所のお家を借りるのが習慣でした。あるとき、あるお宅での葬儀を終えて、再び着替えるために戻ると、玄関で待ち受けていたその家の奥さんが、こちらに向かって塩をパッと投げつけられるのです。地面に撒いてある塩を踏んで入ることはあっても、ふりかけられたのははじめてで驚きました。

なぜ、葬儀から帰ってきた者に対して、塩を踏ませたり、ふりかけたりするのかというと、要するに、「死」とは不浄なものだという考え方をするからです。死者も汚れているなら、その死者に触れるとか近くにいるとかした者も、汚れが感染しているということです。だから殺菌作用のある塩で、その汚れを取り去ろうということです。

でも、ちょっと待ってください。仏式のお葬式ですよ。死を穢れだとする神道ではないのです。仏教に死者を穢れだとか不浄だとかいう思想はありません。生命終われば仏さまです。光り輝く仏さまが不浄なわけはありません。

答 まったく必要ありません

もっとも、古代から死を不浄なものとしてきた背景には、死体はすぐに腐敗してしまうという事実があったことでしょう。しかし、仏教では、そんなものは不浄とは言わないのです。水で洗えば取れてしまうような汚れを不浄とは言わないのです。仏教では何を汚いというのかといえば、それは私の煩悩のことです。欲しい欲しいと思う貪りの心。人を憎いと思う怒りの心。自分さえよければという自己中心の心。そういうものを穢れといい、不浄というのです。この不浄は塩ではどうしようもありません。仏さまの教えを聞くほかに救われようがないのです。教えを聞いて不浄がなくなるのではありませんよ。本当の不浄とは何か、じつは自分自身の煩悩ほど汚いものはないのだということに気づかせてもらうのです。

特に、浄土真宗では、清め塩の撤廃を訴え続けてきて、ようやく最近では会葬の人に手渡す品に、清め塩の小袋を添えることは少なくなってきました。それでも、浄土真宗の人ばかりとは限りません。お別れに来られる人のなかには、どうしても清め塩が必要だという人もおられます。それで、「必要な方は取ってください」と書いて、清め塩を容器にいれておく方法が多く取り入れられています。

問21 親戚にいろいろ文句を言われます

もう大分前になりますが、伊丹十三監督の『お葬式』という映画がありました。お葬式という非日常な出来事に遭遇した主人公たちのとまどいを面白おかしく描く一方、そこに現出する赤裸々な人間模様を鋭く風刺した名作です。

そのなかで大滝秀治さんが演じる、困った親戚が印象的でした。棺を置く方向がどうのこうのと、やることなすことといちいち、「私のところではこうではない」と文句をつけるのです。この姿を見て観客が笑うのは、「どこにでもいる」ことを知っているからです。自分も困らされたという経験があるからでしょう。もっとも、意識してないだけで、自分自身も同じことをしてしまっている怖れもありますが。

お通夜やお葬式に出席して、一番気をつけねばならないことは、「うちと違う」と言わないことです。葬儀は、ある特定の宗教の教義に基づく儀式ですから、それぞれ形が違います。同じ仏教であっても、宗派によって異なります。たとえばお家が浄土真宗であって、お葬式も浄土真宗のやり方に慣れている人が、真言宗のお葬式に出席すると、違和感を覚えるに違いありません。でも、それは間違っているわけではないのです。見慣れないだけなのです。それに、同じ宗派でも地方によって異なることもあります。函館では、先に火葬してから、お通夜を勤める習慣になっていることを知って驚いたことがありますが、それもその地方に伝わったやり方なのです。

だから、「郷に入っては郷に従え」で、なるほどこんなやり方もあるのかと、そう思っておけばいいことなんですが、人間とはとにかくあれこれと自分を主張してみたいものなのです。自分が他所に行ったときに何も言わずに黙っておくのはよいとして、他所の人が自分のところにやってきて、あれこれとうるさく言われたらどうすればいいか。まあ、説明して分かってもらえればいいんですが、忙しいときに相手にしておれないということもあるでしょう。そういうときは、「はい、そうですか」と、聞いておきましょう。反発すると、かえって相手はムキになりますからね。「はいはい」と、丁寧にうなずいておくと、それだけで気分をよくしてくださいますよ。そして、決してその人の言う通りには実行しないことです。人が悪いようですが、現実に、それが一番いい解決方法のようですよ。

それに、裏ワザとして、お寺さんを利用する手もあります。「そうは言われても、お寺さんがそうしろとおっしゃるのですよ」と、説明しておけばいいのです。直接、お寺さんから文句を言っている人に説明してもらえばもっといいですね。

答 受け流しつつも言う通りにはならないことです

?

問22 焼香の順番にきまりはありますか

お葬式には、忙しいなかであれこれと準備しなければならないことがいろいろとあるものです。どこに連絡しなければならないかを考え、死亡届を役所に提出し、遺影として使う写真を選び、と、かなり大変なものです。葬儀社の人が代行してくれるものもありますが、どうしても自分で考えねばならないものの一つに「焼香順」というものがあります。

まず、喪主が先頭に立ち、大きな葬儀の場合ですと、葬儀委員長というものがある場合がありますから、その人が焼香し、次からは故人との関係からみて、近い親族から順に焼香することになっています。それに留《とめ》焼香と呼ばれている、親族の最後に焼香する人は誰かということも決めねばなりません。これは家族以外の、一番近い親族が行う場合が多いようです。

親きょうだいなら、すんなりと順番は決まるでしょうが、遠い親戚となればなるほど、どちらが先かということが難しくなってきます。

しかし、昔の「家」というものが社会を構成していた家長制度の時代ならともかく、今は、焼香順など、そんなに頭を悩ませることでもないのです。ややこしいと思われるなら、留焼香だけは決めておいて、順不同で少しも構わないのです。喪主の後は、焼香台の近くに座っている者から順に焼香していけばいいことです。

代表焼香もそうです。親族の焼香が終わって、一般の焼香に移る際、代表焼香という各種団体の代表者の焼香が行われます。たとえば喪主が勤務している会社とか、地域の自治会などです。ただ、代表焼香の場合、かならずトップにくるのは、国会議員とか地方議員です。故人と面識もないと思われるのに、なぜかと不思議でならないのですが、何よりそれが最初にくるのは、いかにも官尊民卑の伝統のようで、私個人的には嫌いです。

それと、導師としておつとめをさせていただいている立場で言わせてもらえば、あの焼香順の読み上げというのは、本当に邪魔なものなのです。読経されている間は、普通は静かにしているものですが、それが葬儀になるとアナウンスの声によって読経の声がかき消されてしまうのです。これでは本末転倒です。葬儀の主役は焼香ではなく読経だということを忘れないで欲しいです。読経のなかを粛々と焼香が行われる。この方がずっといいですよ。そういうことを平然とやってしまっているから、葬儀が形だけのものとなり、葬式不要論にまでなってしまう一因でもあるんです。

?

問23 正しい焼香の作法が分かりません

「あなた、今の焼香の仕方、間違ってるわよ」と、親戚や知人から指摘されて、恥ずかしい思いをしたという話はよく聞きます。

それでは、どうするのが焼香の正しい仕方なのでしょう。

え？　お香は三度つまんで、額の高さまで押しいただく、ですって？

う〜ん、なるほど、それが一番一般的だと思われているお焼香ですね。でも、それが日本中どこでも通用するかというとそうではないんです。

たとえば、浄土真宗の本願寺派（お西さん）で、そんな焼香をしたら一発でダメ出しです。本願寺派の焼香は、お香は一回つまむだけで、それを押しいただくこともしません。さらに何度も手を合わせる人がいますが、同派の作法では、焼香してから合掌して礼拝するきまりになっています。同じ浄土真宗でもこれが大谷派になると、一つまみではなく、二つまみですから、ややこしいですね。

要するに、「正しい焼香の仕方」というものは、宗派ごとに違っているのであって、全国共通の作法などないのだということです。

仏事の作法などを解説した本のなかに、焼香は三度だと決めつけているような書き方をしてあるのを読んでびっくりしたことがあります。この本の著者自身が、宗派によって異なるということを知らなかったとしか考えようがありません。

人間というものは、自分のやっていることが正しいと思ってしまいがちなものです。だから、つい口をだしたくなるのですが、少なくとも、他の宗派に属する人が、自分のやり方と異なる焼香をしたからといって、それを間違いだということはできません。このことはよく認識しておきましょう。

ただ、やはり自分の宗派における「正しい焼香の仕方」はきちんと身につけておいたほうがいいですね。どういうやり方であれ、香をつまむのが何回であれ、作法通りに行われる焼香というものは、見ていて非常に美しいものです。それが作法というものなのでしょう。

きちんとした作法を身につけると、どこへ出ても恥ずかしくはありません。どことなくおどおどして、落ち着かない様子で、前の人がやった形を、見よう見まねでやっている人が大変多いですが、自信がないからなんですね。だからきちんとマスターしてください。自分からなければお寺さんに聞いてみるといいでしょう。

答 自分の宗派の作法を身につけておきましょう

問24 お線香を絶やしてはいけませんか

人が亡くなってから、満中陰まで、線香と灯りは絶やしてはならない。これはよく言われていることです。よく言われているというより、それは当然のことであり、常識であるかのように思い込んでいる人がじつに多いのです。そんなことは必要ないと言えば驚かれます。

お通夜でも、一晩中誰かが柩の側で、線香が全部灰になってしまってはいないかを見張っています。たんなる線香では、どんなに寸法が長くても、そんなに長時間は保ちません。そこで、「巻線香」と呼ばれる、渦巻状になった線香を使ったりしています。ローソクもそうです。すぐに消えてしまわないように、太いローソクを使っています。そうすれば朝まで心配ないですからね。

でも、どうしてそれほどにまで、線香が絶えないように、灯りが消えないように、神経質なまでに気を遣うのでしょう。それはきっと、冥土という言葉があるように、死者の国は暗く、人は死んで暗い世界をとぼとぼと歩いて行くのだという考えによるものなのでしょう。「冥」は、暗いということですから。

暗い所を歩んで行くのだから、少しでも明るくしてあげようというので、ローソクをつ

答　こだわる必要はまったくありません

け放しにするのでしょう。一方、線香は何かと言えば、亡くなった人の食べ物だと言われてきたのです。

でも、人間の死というのは、そんなに真暗闇なんでしょうか。少なくとも浄土真宗は、そんなことを考えません。人間の寿命が終わると、ただちに阿弥陀さまの世界に生まれ、光り輝く仏さまとならせてもらうのです。往生とは往きて生まれるということです。極楽浄土に生まれるのですが、その世界を親鸞聖人は、「無量光明土」と呼ばれています。暗いどころではありません。量り知れない光の世界だということです。

人間は死んでから、暗い道をとぼとぼと歩いて行くのではありません。死んで旅立つのではないのです。旅というなら、人生そのものが旅であり、臨終とは、その旅を終えるということなのです。旅を終えてわが家に帰ることが、浄土往生だと思ってくださって間違いありません。無量の光明の世界に生まれ、大慈大悲の仏さまとなられたのですから、灯りがどうの、線香がどうのと気にすることはありません。実際、あの渦巻線香は、あまりいい香りがしません。それなら、そんなものをずっとつけておくより、手を合わせるときに、本当にいい香りのお線香を少し焚く方が、ずっと気が利いています。

？問25　戒名や法名は絶対に必要ですか

仏教離れの世ではあっても、お葬式は仏式でというのが、まだまだ主流となっています。どうしてそうなのかを調査してみると、深い理由があってのことではなくて、「みんながやっているから」なのだそうです。一方、結婚式はといえば、ウエディングドレスでバージンロードを歩き、キリスト教式でというのが圧倒的に多いです。日本はキリスト教の国ではないのに不思議に思うのですが、これまた理由は、「みんながやっているから」にすぎないのです。こういうところが日本人の宗教観が、良く言えば鷹揚、悪く言えば何も分かっていない点です。

その論議はさて置いて、誰しもが普通にやっている仏式のお葬式ですが、その際に必要なのが、戒名や法名です。一般的には、「戒名」という場合が多いですが、浄土真宗では戒名は存在しませんので、法名と呼ばれます。

戒名も法名も、仏教徒としての名告《なの》りであって、仏式でお葬式を行う場合には、仏教徒であるということが前提になるので、当然のように仏教徒としての名前が必要になるのです。

浄土真宗でしたら、法名は原則的に生きている間に、ご本山（本願寺）で帰敬式を受けて、そのときにいただいておくものなのです。何かの理由で、帰敬式を受ける機会がなく、法名もいただいていない人が亡くなった場合は、住職が、お葬式の場で法名を授けるようになっています。言っておきますが、これはやむをえずであって、本当は生前に受けておくものだということを忘れないでください。

さて、浄土真宗の法名の場合は、釈という姓の一文字の後に、名は二文字と決まっていますから、あまり問題は起きないのですが、戒名となると、長い名前から短いものまでいろいろあって、「戒名料」が高いとか安いとかが、あれこれと取り沙汰されています。でも、位が高い戒名は、それだけ立派に修行した優れた仏教者としての証なのです。立派な仏教者としての資格を、お金で得ようとすることなのです。これを理解していないから、問題になるのではないでしょうか。まあ、他宗のことはあまり知らないので、これ以上は言えませんが、戒名とは何かが問題とされず、金額のことばかりが話題になるのは残念なことです。

いずれにせよ、法名や戒名は、たんなる俗人ではなくて、仏教徒としてのお葬式をする上で必要なものだと思ってください。

答 仏式のお葬式なら仏教徒としての名前は必要です

問26 葬儀の相場はいくらですか

難しい質問ですが、「相場」という言葉を日本人が一回葬儀を出すのに支払う費用の平均だとすれば、二百万円から二百五十万円といったところだそうです。

これが世界一高いと悪評で、それを批判してお葬式にはお金をかけないように奨励した本も出版されています。でも、異なった死生観の欧米諸国と比較することには無理があります。葬儀とは何か、死とは何かということの意味が根底から違うから、比べられないのです。

それが最近、「葬儀費用が高い」と叫ばれるのは、不景気で金がかけられないという理由より、そんなものに金をかけるのは無駄だという思想が広がっているからです。電車のなかで、中年の男女がこんな会話をしていました。「あいつ、親の葬式に三百万円もかけたって、馬鹿だなあ」「そうよねえ、そんなことにお金をかけたってなんにもならないのに」。三百万円出したのは自分じゃなく他人事なのですから放っとけばいいのにと思いますが、しきりに「馬鹿だ」と繰り返しているのです。

でも、お葬式はそんなに無駄で、意味のないものでしょうか。自分を生み育ててくれた親の葬儀にお金をかけることが悪いことなのでしょうか。もちろん、二百万円とか二百五

答 大切なのは金額ではありません

十万円とかいう金額が出せなければ、もっと安くする方法はいくらでもあります。平均値以下の葬儀をして悪いことはありません。

しかし、葬儀の細目の一つ一つについて無駄なもの、いらないものを指摘し、削っていくことは必要なことですが、お葬式そのものも、「いらないもの」と、否定してしまうのには賛成できません。死んだもののためになど金は使うな、生きたもののためにこそ使えという考え方は、もっともらしく聞こえますが、要するに生きているもののエゴに過ぎません。生きることのみに重きを置き、死を軽んずる態度が、豊かではあっても心は貧しい現在のねじくれた国のありさまとなって出現しているではありませんか。

二百万から二百五十万といわれる葬儀の相場を、高く思うか安く感じるか。それは個人それぞれの主観です。納得できないのなら、よくよく説明を聞けばいいのです。要するに高かろうが安かろうが、「ああ、いいお葬式がだせた」という気持ちが残ればいいのです。お葬式は人の心に深く関わるものです。納得のいく、本当にいいお葬式をすることができたと思えるような葬儀。これを実現できるかどうかが、葬儀に携わる仕事をするものの責任として問われてくるのです。宗教者としての在り方も同様に問われてきます。

問27 葬儀社がすすめるオプションは必要でしょうか

会員制の葬儀社があります。会員になり、掛金を払っておけば、いざお葬式というときに葬儀の費用がいらないというものです、一種の保険のようなものと言ってもいいでしょう。今ではごくあたりまえのような存在になりましたが、システムができた当時は非常に画期的なもので評判になりました。

お葬式にはお金がかかるものだということは皆が考えることですから、これはたいへん助かるということで受け容れられたのです。しかし、トラブルも多くあって、そのほとんどが、安価ですという約束だったのに、実際には多額の費用がかかってしまい、一般の葬儀社に頼むのと大差がないという不満でした。

どうしてそうなってしまうのか。何度かその現場を目撃しました。枕経に行くと、会員制の葬儀社の人が来ていて、喪主とあれこれと相談しています。「掛金でできるのは、この祭壇なんですが、これに花を加えると別料金になります」と、パンフレットを出して説明されています。「う～ん、やっぱり花がないと淋しいねえ。花を加えてください」と喪主が応じました。祭壇（荘厳壇）だけでなく、細部の一つ一つにオプションがつくのです、葬儀を出す側の心理からすれば、どうせならみすぼらしくならないようにと思いますから、なんでもワンランク上にしてしまうので、結局、高いものになっているのです。私は口を挟みませんでしたが、オプションのなかで、それはあった方がいいと思うものもありましたが、そんな必要はないいんじゃないかと疑問に思うものもたくさんありました。

トラブルを防ぐ方法は二つだと思います。入会時に、実際に葬儀となった場合、掛金でまかなえるのはどの範囲なのか、その説明をよく聞いて確認しておくことです。生命保険に加入するときに、よく契約書を読む必要があるのと同じです。契約書をロクに読んでいなかったことによるトラブルが多いですからね。そして、オプションについても個別に説明してもらうことです。いざとなってもめ事になっては困りますから、このことは面倒でも、本当に納得できるまで、たんねんに聞いてみることが必要です。疑問を疑問のままで放っておかないことですね。

もう一つは、一人で決めようとしないで、冷静に考えることのできる人に、オプションが必要かどうか判断してもらうことです。喪主はパニック状態のまま、葬儀社との相談に入ってしまうことがほとんどなのです。冷静な精神状態でない判断が、トラブルの源になるのですから。

答 しっかり説明を聞き一人で決めないことです

問28 お坊さんへの御礼はいくらが適当でしょうか

ざっくばらんに申します。私のお寺は、大阪市内にある浄土真宗寺院ですが、お葬式のときに頂戴するお布施は、二十万円が平均です。これに枕経だとかお通夜のお布施、それに御膳料やお車代を加えて、二十五万円から、ときには三十万円というところです。

これは葬送の儀礼を司る、導師への御礼です。このほかに脇導師などがつく場合がありますし、大きなお葬式では、雅楽が奏されることがあり、それらの場合には別個に御礼をすることになります。もっとも時勢の変化で、そんなお葬式は少なくなってしまいましたけれども、こんな数字が、大阪市内の浄土真宗の葬儀における、「相場」とされているものなのでしょう。無論、お布施ですから、こちらから要求するものではありません。時々、「正直に、お布施はいくらすればいいか教えてください」と言われるのですが、お布施というものはどこまでも気持ちであって代金とか料金ではないですから、答えのしようがないのです。それで、「そちらにおまかせします」と言うと、「そうですか、それじゃ考えさせてもらいます」と言われて、実際に葬儀の直前に、喪主がご挨拶として控え室に持ってきてくださるお布施の金額は先のようなものなのです。どのお宅の場合でも大きな差がないのは、きっと二十万プラスという金額が、相場として扱われているのでしょう。この相場は、土地によって、宗派によって、まったく異なるようです。

　普通の法事などに比べて、金額がいかにも大きいのですが、人間としての最後の儀式なので、やはり特別なものだという共通認識があるのでしょう。ただ、葬儀のお布施は、お葬式を施行するお坊さんへの個人的な御礼ではありません。お世話になるお寺へのお布施だと思ってもらった方が間違いありません。住職個人の収入ではなく、宗教法人としての寺院の収入ですから、受け取る僧侶の側にも、「無駄には使いません。仏さまの教えが広まるために、有意義に使わせていただきます」という気持ちは必要です。「丸儲け」と非難されるのは、お布施をされる側に、その姿勢が見えないということでしょう。

　それに、いくら相場というものが存在しても、経済的に出せない場合もあるのです。そんなときは相場などにこだわる必要はありません。自分のできる範囲で、お布施をすればいいことです。それに対して恥ずかしいという気持ちを持つこともありません。だいたい一流企業の社長さんも、年金暮らしの人も、一緒であるということが変なのですから。だから、相場というものは一応の目安であって、それによってどうのこうのということはありません。それが、お布施というものなのですから。

問29 香典返しが面倒なので香典を辞退したいのです

本当に困ったことだと思います。昨今の香典辞退の風潮。どうしてなんでしょう？

一昔前までは、葬儀の費用は集まったお香典でまかなえるようになってました。葬儀に二百万円かかったとしても、お香典が二百万円集まれば、それでチャラです。まあ、いただいた額の三割から五割は、香典返しとして必要とはいえ、相互扶助の精神で、それはありがたいものでした。

それなのに現在では、どこのお葬式に出かけても、「故人の意志により、お香典辞退いたします」と、受付に書かれているのです。もっとも「故人の意志」より「喪主の意志」が本当でしょう。悪くいえば、死人に口なしですからね。それはともかく、どうして人の好意である香典を、なぜに受け取らないのかと聞いてみると、「香典返しが面倒だから」とか、「香典を受け取れば、またこちらもしなければならないから」という理由が多いのです。

要するに受け取ると、後が面倒だと言うのですね。じつは、これが現代病の症状なんです。仏教は、「縁」ということを中心に物を考えます。「縁」とは、みんなつながりのなかにあるのであって、一人で生きているのではないということです。お葬式も、昔はご近所同士があれこれと助け合って行いました。お互いだからです。この「お互いさま」が縁の思想です。世のなか、持ちつ持たれつという関係が、本当の意味で生活のなかで生きていたのです。

それを思えば、自宅に白い幕を張って汗水流してやった昔のお葬式は、スマートではなくても人間味がありました。今の、すべてが機能的に作られた葬儀会館での葬儀は、便利であってもどこか醒めています。

もう一ついえば、お香典は、仏さまに対するお供えなんです。結婚式の「御祝」などとは違うのです。お葬式という仏事を勤めるのに必要な、お香をこれで買ってくださいという意味を持つのが、お香典です。

「香典辞退」の背景は、たんに人と人とのつながり、社会とのつながりが希薄になったというだけではなしに、葬儀は大切な仏事なのだということが、完全に忘れ去られているのです。繰り返し言いますが、葬儀は告別式ではありません。ご本尊をいただいて厳粛に行われる仏事なのです。これが忘れ去られていることが、現代の葬儀の、もっとも間違っていることだと言って誤りではないはずです。

問30 手伝ってくれた方への御礼は何がいいでしょうか

たとえば受付をするとか、あれこれと尽力してくださった方への御礼ですね。答えになりませんが、何でもいいんじゃないですか。感謝の気持ちを表現するものですから、物は何でもいいのです。

あれこれと考えて、どうにも思いつかない場合は、ありふれたもので結構です。本当は、一人一人のことを考えて、その人に応じたものにするのがいいのでしょうが、そこまではやってられません。実際、人が死ぬということは大変なことなんです。お葬式が終わっても、亡き人が使っていた物の片づけとか、法律的な手続きとか、やらねばならないことがいっぱいあるのです。お葬式を手伝ってくれた人の御礼を、細かく考えることはできないのです。

だから、最大公約数的に、ありふれたものだけど、誰もが使うようなもの、たとえば石鹼のようなものが一番いいと思いますね。食べ物だと好き嫌いもありますし、賞味期限の問題もあります。その点、石鹼なら大抵の人は使いますし、長く置いておいてもどうということはありません。さほど大きくもないので、置き場所に困るということもないと思います。

お通夜やお葬式のときの会葬御礼の品も、ハンカチや小型のタオルが多いのも、いくらあっても困らないものだからでしょう。誰もが使い、いくつあっても困ることが少ないもの。それは要するに、変わった物でなく、ごくありふれた物ということです。凝った物にすると、もらったもののどうすればいいか分からず困ったことになるのです。

私たちは、「ありふれた」ということを、つまらないものだと認識してしまいます。しかし、それは誤解です。じつは、ありふれていることほどすばらしいことはないんです。最も普遍的なものですから。もっとも、どれほど普遍的で、広く使われるものだといっても、世のなかには常に例外があります。タオルや石鹸をいただいても迷惑なだけというお宅もかならずありますが、それは仕方がないことだと割り切りましょう。

それにもう一つ、品物を受け取る側のことですが、それが自分にとって、どんなにつまらないものであっても、まず文句を言わず感謝しましょう。受け取らねばならないのは、品物そのものではなく、その背後にある贈り主の気持ちです。向こうは、「ありがとう」という気持ちを込めているのですから、こちらも「ありがとう」と返しましょう。拝み合う世界は本当に尊いものです。

答 ありふれた物がじつは一番すばらしいんですよ

問31 法事って何でやるのですか

法事を何でやるのかといえば、それは御恩報謝です。と、一言で済むのですが、もう少し丁寧にいえば、三回忌までの法事は、死んだ人を忘れていくためのものであり、七回忌からの法事は、死んだ人を思い出すための法事だといえましょうか。

数えてみれば、お葬式が終わって最初の法要が、初七日。それから四十九日の満中陰までで、七回の法要があります。次に百カ日、そして丸一年たって一周忌法要があり、さらに翌年は三回忌があります。これで初七日から数えて合計十回です。この十回は、じつは愛別離苦の悲しみや喪失感を癒していくための行事です。最初は一週間ごと、少し間を置いて三カ月を過ぎたころと、亡き人を思い、間違いなく救ってくださる阿弥陀さまの徳を讃える法要を勤めることで、愛する人に死なれ、心にポッカリと開いた穴が、次第に埋められていくのです。それが、死んだ人を忘れるための法事という意味です。いつまでも悲しさや淋しさに閉ざされていたのでは、前に進むことができません。そうした法事の仕上げが、丸二年経って行う三回忌です。

愛別離苦は、人間である限り逃れることのない悲しみであり苦しみなのですが、その苦悩が、私自身が仏さまの教えに触れていくきっかけとなるのです。だからこそ初七日から四十九日までの中陰法要も、一周忌や三回忌の年忌法要も大切に勤めなければならないものですが、最近は、その大切な心が忘れ去られているのが残念です。

ところが、人間とは勝手なもので、時間の経過とともに、大切なことも忘れていくものです。悲しみが癒されたのはいいのですが、今度は日常生活を繰り返していくうちに、仏さまのご恩も忘れ、亡き人の思い出もだんだんと風化していきます。だから、ちょっと立ち止まって、亡き人を思い出し、いつでもどこでもこの私を照らし続けてくださっている仏さまの御恩を思おうという意味で行う最初の法事が七回忌です。

七回忌は、亡くなってから丸六年目。十二支でいえば、ちょうど半分回った時点です。三回忌からは四年目、本当によくできていると思いますよ。忘れかけていたものを呼び戻すのに絶妙のタイミングなのです。七回忌が済むと、次は十二支が一周する十三回忌となります。それから十七回忌、次は二十五回忌、三十三回忌、そして五十回忌と、次第に間隔を広げながら勤めていくことになります。よく、「いったい、法事はいつまで勤めなければなりませんか?」と聞かれるのですが、いつまでということはありません。御恩報謝に期限はありませんので。どうぞいつまでも次の世代へと引き渡していってください。

問32 法事は絶対にしなければいけないものですか

こう問われると、そんなに法事をするのがお嫌なんですか、と、皮肉を言いたくもなります。何でも簡略化の時代、お骨揚げと初七日を一緒にするのは、もはや常識のようになりました。さらに現在では、中陰法要をまったくつとめないケースも増えています。初七日の後、二七日、三七日と、一週間ごとにつとめる中陰の法要をしないで、満中陰のみをつとめるのです。

まあ、法要が形式みたいになってしまって、その内容とか意味とかが分からなくなってしまった結果なんでしょうが、なんとも淋しい話です。一週間ごとに仏縁に遇うことによって、人の死という事実を受け止め、死の意味を考え、悲しみを喜びに転じていくという過程が追えなくなってしまうのですから。

さらにこんな例もありました。一周忌のときです。「ちょっと相談なんですが」と言われて、何かと思って聞いてみれば、「来年の三回忌も併せておつとめできませんか」と言うのです。耳を疑いましたが、理由を尋ねると、毎年するのは面倒だからというのですから、本当に呆れました。

電車のなかでこんな会話も聞こえてきました。「今年は、あんたとこ七回忌になるんかいな」「そうなんや。三回忌までやめとこうと思うてたら、お寺から言うてきたから、やらなしょうがない。邪魔臭いことや」。する気はなかったが、お寺がやれと言うから仕方なしにやるということですね。まあ、正直な話、こう思っている人も多いんですね。中陰にせよ、年回法要にせよ、浄土真宗の法要は、死者をいい世界に導くための、追善供養ではありません。すべて御恩報謝です。だから、どうしても法事をしなければ、亡き人がいい世界にいけないというわけではありませんし、バチがあたるわけでもありません。バチと言えば、バチがあたるから法事をするのだという人もあると思います。

本当は、バチを怖れ、祟りを怖れる私の心を照らし、そんな怖れから解放してくださるのが仏さまの働きです。法事は、普段はなかなか聞くことのない、仏さまの世界を聞いていこうという場なのです。だから一回一回の法事を大切にしていただきたいのです。もっとも今の時代、バチと祟りで脅さなければ法事をしようともしない人ばかりなのかもしれませんね。情けない時代です。信じられないような陰惨な事件が次から次へと発生するのは、バチや祟りでなく、御恩報謝のための法事をしようともしない人ばかりという精神構造と無関係ではけっしてありません。そう思われませんか？

答 しなくてもバチはあたりませんが大切にして欲しいです

問33 初七日法要はいつ行うのが適当でしょうか

お葬式が終わると、七日目ごとにおつとめをします。中陰法要と呼びます。七回目の切り上げが四十九日ですが、それを満中陰というのは周知の通りです。

中陰の日の数え方は、亡くなった当日を第一日目として、七日目が初七日です。たとえば六月三日に亡くなれば、六月九日が初七日で、後は満中陰まで同じ曜日になっていきます。ただ、実際の法要は、お逮夜といって、前日にすることが多く、初七日は六月八日、二七日以降も一日早くおつとめすることになります。

いずれにしても、お葬式から初七日までは日数が短いです。六月三日に亡くなれば、お通夜は四日の夜、葬儀は五日になるケースがほとんどで、火葬場の関係でさらに一日延びる場合もあります。五日にお葬式でも、初七日が八日なら、その間はわずか二日間です。それもあってか、初七日を繰り上げて、葬儀の後のお骨揚げのときに、還骨の法要と一緒につとめることが多いのです。多いというより、むしろそれが当然となっている感があります。還骨法要を初七日法要だと説明している葬儀社もあり、今や、お骨揚げ＝初七日法要ということが、大手を振ってまかり通ってしまっているのです。

しかし、間違ってもらっては困るのは、還骨の際に初七日をおつとめするのは、あくまでもやむをえない場合であって、それをあたりまえにしてはいけないということです。初七日はどこまでも初七日の日におつとめするのが本当なのです。お骨揚げの場で初七日も一緒にする理由としては、お葬式が終わって、またすぐに親戚に集まってもらわなければならないからということですが、集まってもらうのは満中陰でいいじゃありませんか。初七日はお家の人だけで構わないのです。

特に気になるのは、病院で亡くなって、すぐに式場に運ばれ、そのままお通夜と葬儀になり、さらに還骨まで式場で行われる場合です。せめて初七日くらい、自宅に帰らせてあげてからおつとめして欲しいなと思います。初七日まで終えて、やっと自宅に戻るのは、あまりにも淋しいですから。

何でも簡略化されるという時代になってきて、形ばかりが優先されて、意味が失われてしまうという事態になってきましたが、葬儀に関していえば、その発端は、お骨揚げの場で初七日も同時におつとめするようになり、それがあたりまえになってしまったことのように思えます。一度崩してしまえば、なし崩し的になるという悪い例ですね。

問34 四十九日法要の意味は何ですか

七回目の中陰、亡くなってから四十九日目に行う法要を、満中陰といいます。このときは、親戚や特に故人と親しかった友人を招いて大がかりにおつとめします。「法事」という言葉は、本来は仏事に関することすべてを指す言葉なのでしょうが、現在では、亡き人を偲んで、ご縁のある人がたくさん集まる法要を指して使う言葉となっているようです。満中陰は、お葬式を終えてから最初に行う法事ということになります。

中陰は、七日ごとに死者が次の世にどこの世界に生まれるかについて審査される期間であり、満中陰は、最終的に行き先が決まる日だと一般的にはされているのですが、浄土真宗では、生命終わると同時に、極楽浄土に生まれ、最高の悟りを開くことになっているので、中陰の意味合いが異なってきます。

むしろ残された私が、大切な人を失った悲しみのなかで、七日ごとに仏さまの教えに触れていく期間ということになるのです。だから、中陰の法要も、私が亡き人の行く方を心配して行う法要ではなしに、亡き人の導きによって、私が仏法を聞かせてもらう日ということになり、その仕上げが満中陰の法要です。

もう一つ、満中陰には、悲しみに一つの区切りをつけるという役割があります。「次第にお淋しいことかと思います」という、挨拶がありますが、本当に身近な人に死なれてみると、「次第に」淋しくなるものなのです。最初は悲しみよりも、ショックで茫然自失という状態、それにお通夜からお葬式まで、次々としなければならないことが押し寄せてきます。人も周囲にいっぱいいますし、悲しんでいる間がない状態なのです。

それが、お葬式が済んで、たくさんいた人が潮のように引いて、いなくなってしまうと、はじめて悲しさと淋しさがやってくるのです。二七日、三七日。この辺りが淋しさのどん底になるようです。それが再び浮上して来るタイミングが満中陰なのでしょう。「いつまでも悲しんでばかりいないで、少しは元気出しなさいよ」と、肩を叩いてあげるのも、満中陰をきっかけにするのがいいのです。

それから、四十九日が三カ月に渡るといけないので、三十五日で切り上げるということも聞きますが、「始終、苦が身につく」という語呂合わせにすぎません。そんなことを気にする必要などどこにもありません。四という数字を、死に通じるから避けるのと同じで、そんなバカげたことを、仏事に持ち込んではいけないことは言うまでもありません。

問35 一周忌には誰を呼ぶべきですか

一周忌に限らず、最近は法事の規模をなるだけ縮小しようという傾向が強いようです。お葬式も家族葬なら、それ以後の法事も、なるだけ出席者を少なくして、できるなら家族で済ませてしまおうとする人が多いです。

血縁がそれほど濃くない親類だから声をかけないというのならともかく、じつの兄弟姉妹なのに法事に招かないという例も珍しいことではなくなっていて、「兄弟は他人のはじまり」という言葉を実感せざるをえないという現状になっています。

しかし、私は法事はなるだけ人に集まってもらった方がいいのでないかと考えています。法事は、もちろん、亡き人を偲ぶ行事なのですが、それをきっかけとして、一人でも多くの人に仏縁を結んでもらうという重要な役目があるのです。それともう一つ、特に小さい子どもにも、血縁のつながりを通じて、生命の不思議を感じてもらう場になるのが法事です。子どもに法事の意味が分かるわけがないと思われるかもしれません。でも、普段は顔を見ることもない親戚のおじさんやおばさんと接することで、「生命のつながり」というものを肌で感じることでしょう。それはやがて、生命というものへの敬虔な思いの芽生えともなってくることでしょう。今という時代は、こういう無言の教化があまりにも少なすぎるのです。少子化の時代だからこそ、ますます手を合わせる場に、子どもを招くことが必要なのではないですか。土曜日や日曜日、それに祝日などに法事を行うことが多いのは、何も大人の都合だけでそうするのではありません。子どもが休めるときにという配慮でもあるのです。もっとも、今の時代の子どもは、学習塾や習い事、それにクラブ活動などで、日曜日の方が忙しいという皮肉な事態となってますけどね。

子どものことばかり書きましたが、満中陰も一周忌も、三回忌以後の法事も、人数を限定するより拡大した方がいいです。人間関係とは複雑なもので、親戚関係にも呼びたい人、来てもらいたくない人、それはいろいろだと思います。誰を呼んでいいか分からないとき、招くべきか招かざるべきか迷ったときは、とにかく皆に案内状を出すといいのです。「あの人は足が悪いから気の毒だから」といって法事の案内をしないといったケースが見かけられますが、行くか行かないかは、案内を受け取った先方が決めることです。こちらが決めてしまうことではありません。そんなにたくさん招いたら部屋に入り切れないという場合もありますが、結構、詰めれば入りますよ。どうしても駄目なら、お寺の本堂でするとか、いろいろ方法はあります。

答 迷ったときは案内状を出す方向で考えましょう

問36 初盆にすべきことは何ですか

満中陰の後、最初に迎えるお盆のことを、初盆とか新盆と言ったりします。宗派を超えて、日本人に一番親しまれている仏事は、お盆を置いてほかにないでしょう。

ただ、お盆の時期は東と西では異なっていて、関東では七月、関西では月遅れの八月となっています。今は何でもが東京一極集中ですが、盆休みとなると、これだけは不思議なことに関西に合わせて、全国共通で八月にしています。ひょっとすると、七月だと梅雨末期の豪雨が多いからでしょうか。

さて、お盆というと、ご先祖が帰って来られる時期だと昔から言われています。帰って来られるご先祖をおもてなしするために、お仏壇にはさまざまなお供えの品が並べられます。馬に見立てたキュウリや牛に見立てたナスも、お盆の風物誌になっています。馬に乗って早く帰って来ていただいて、再び、あの世に戻られるときは牛でゆっくり行っていただこうということです。八月十六日の京都の大文字は有名ですが、あれはお盆が終わって、あの世に戻っていただく際の、送り火なのですね。

そうは言っても、浄土真宗は、そうしたお盆はやりません。これもまた、亡き人をどうとらえているかの違いなのですが、お浄土に生まれ、仏さまとなった方は、仏さまとしての働きで、いつでもこの迷いの世界に還っておられるのです。だから、わざわざお盆という日を設けなくても、年中、お盆なのだという考え方なのです。

私たちは亡き人に向かって、「どうぞ安らかに」と念じますが、仏さまになると安らいではおられないのですね。常に迷えるものを救おうと活動されているのですから。

それでも、浄土真宗でもお盆のおつとめは行います。「歓喜会」といって、お釈迦さまの教えによって、亡き母を救うことができた目連尊者の喜びの故事に習って、亡き人のご縁によって、仏法のご縁に遇えたことを喜ぶ法要とするのです。ですから、浄土真宗のお盆の主役は、ご先祖よりもむしろこの私です。

お念仏の声のなかに、今日もまた亡き人は、ちゃんと私の上に還って来てくださっていることを思っていくのが、浄土真宗のお盆です。

だから、初盆とはいえ、他の宗派のようにいろいろな用意はいりません。ただ、季節に合わせて、提灯を出したり、夏の野菜を供えたりすることはあります。それによって、亡き人はいつも還って来てくださっているのだと、普段は日常生活のなかで忘れてしまっている大切なことを、そうした形で思い出していくこともできるのです。

問37 一周忌までにしなくてはならないことは何ですか

満中陰を終えたあと、一周忌までといえば、百カ日法要がありますね。三回目の月命日から一週間程度にあたりますが、満中陰と一周忌の間にあって、どちらかといえば地味な存在です。実際、ほとんどの場合、満中陰が済むと、次に親戚に案内状を出して集まってもらう大きな法事は、一周忌法要だと考えられているらしく、百カ日には、わざわざ親戚に集まってもらうことは稀で、お家の人だけでつとめられる場合が多いです。

ただ、満中陰や一周忌となると、どうしても血縁の人たちが中心となるので、百カ日を利用して、友人や知人にお参りしていただくという方法をとっていらっしゃるお宅もありました。これはいいやり方だと思います。また、そんなに人が集まらない、気楽な法要ですから、この機会におつとめされるお寺さんに、普段疑問に思っていることや、分からないことを尋ねてみるのもいいでしょう。それが仏縁となるのですから。住職の一方的な法話よりも、対話の形の方が、親近感が増すのは言うまでもありません。

一周忌までといえば、もう一つ。満中陰をすませて最初に迎えるお盆です。初盆とか新盆とか呼ばれています。これについては別項に書いたように、浄土真宗の場合は、別に変わったことはしません。ただ、最近では、一軒一軒、お寺の方からご門徒の家にお参りす

答 百カ日法要と初盆があります

るよりも、逆にご門徒にお寺に来てもらって、本堂でおつとめするお盆も増えてきました。初盆・新盆にあたるお家だけを対象に、日時を設定してある場合もあります。

浄土真宗は、お盆も先祖供養というより、亡き人をご縁とする仏法聴聞の場ですから、家族こぞってお参りするようにしましょう。それと、是非にも大切に続けていって欲しいのが月参りです。毎月のご命日にお参りするという風習が、だんだんと廃れてきているのです。少子高齢化という現実が、大きな原因となっているのですが、月々のお参りをしないで、年忌法要のみをつとめるというケースが多くなっているのです。月参りがある習慣の寺院にとって、月参りはお寺の運営を支える基礎だったのですから、月参りが減少すると、お寺の存続が困難になるのです。お寺側の都合ばかりを言っているようですが、月参りが仏さまに親しむ一番の場であり、仏さまの教えが染み込む要因であったことも事実です。昔は、月に五回も六回もお参りしていたお宅もありましたが、今は多くて二回、大抵は一月に一回にまとめられています。せめて月に一度は、お仏壇を掃除し、お花を供え、お寺さんと迎える、「いのちの日」としての月命日を大切に守って欲しいと思います。

問38 法事では数珠を持っていないといけないでしょうか

持っていないといけないです。法事に来てお供えを差し出して、「あ、数珠忘れた！」と言っている人をよく見かけますが、どうせ忘れるなら数珠よりもお供えを忘れてください。夫婦と子ども二人、合計四人でお参りして、数珠を持っているのはお父さんだけで、お母さんと子どもたちは、お焼香のときに一つの数珠を使い回していたこともあります。法事でなくても、自宅のお仏壇に手を合わすときも、お寺にお参りするときも、お墓参りに出かけるときも、数珠は絶対必要なものです。

どうして必要かといえば、これは理屈ではありません。お茶碗のご飯をどうして食べますか。お箸を使うでしょう。別に箸を使わなくても、手づかみでもご飯は食べられるのです。ちゃんと口に入ります。でも、そんなことをすると不作法だから、誰もそんなことはしません。仏さまに手を合わせるときの数珠は、このお箸のようなものだと思ってください。数珠なしで手を合わせるのは不作法なのです。

それから、一般的には数珠といいますね。昔は、珠を一つ一つ繰りながら、吐く息、吸う息を数えたり、何べんお念仏を称えたかを数えたりしたので、この名があるのですが、浄土真宗の場合は、そういったことはしないので、数珠というより念珠と呼ぶほうがふさ

答 なにより大切な道具ですから忘れてはいけません

わしいでしょう。

念珠は仏さまを拝むための大切な道具ですから大切に扱ってください。手持ちぶさたに、指にひっかけてのクルクル回してみたりすることはやめましょう。さらに直接床や畳の上に置かないように心がけましょう。そして、もう一つ、お念珠は手を合わせて拝むときは、両手に通してください。と、いうのも、左手にかけて、右手で念珠を挟むようにして拝んでいる人をよく見かけるからです。これもルール違反です。これもなぜかという理屈ではなく、それが作法だとしか言いようがないのですが、勝手に言わせてもらうなら、右の手は動、左の手は静です。座禅を組むときは、右手の上に左手を乗せるのですが、常に活発に動こうとする心を、冷静な落ち着いた心が鎮めているのだと言われます。人間は本当に自分のなかに、いろいろな自分を持っています。右手と左手は、相反するそれぞれの自分自身の象徴なのでしょう。その私のすべてを、仏さまの輪がしっかりと包んでくださっている。私はお念珠を両手にかけるとき、いつもこう思うのですが、どうでしょうか。それほどに大切な道具ですから、法事には、お供えを忘れても忘れてはならないものです。

問39 仏壇がないと化けて出ますか

亡き人が化けて出るといけないから、仏壇を用意するのですか？　と、逆に質問してみたいですね。どうも、いったいお仏壇とは何かという考え方そのものに、根本的な誤解があるようです。なんだかお仏壇が気持ち悪いもののような扱いをされているのです。

こういう考え方は、いろいろなところで出てきているようですね、本当はやりたくないのだけれど、死者に怨まれるといけないのでお葬式をやる。ひょっとして祟りがあるかもしれないので、法事を勤める。これらの考え方ほど、仏教からほど遠いものはありません。

占いで診てもらったら、「七代前の先祖で成仏していない人がいて、それが祟っているので供養をしなくてはいけない」などと言われて本気にするのもそうです。ちょっと冷静に考えてみてください。子孫に祟ろうとするような先祖というものがあるでしょうか。じつにバカげた霊感商法にひっかかってしまうのも、少し考えたら分かることを考えようとしないからです。というよりも、本当の教えを聞こうとしないからですね。

化けて出るとか、迷っているとか、祟りがあるなどと脅すのは、全部ニセモノと思って間違いありません。仏さまの教えは、化けるとか祟るとか、そういった目に見えない心理的な恐怖から解き放ってくれるものです。お仏壇がないお宅は、誰かが亡くなったことに

答

お仏壇は死者の家ではありません

よって、はじめてお仏壇を求める場合が多いですが、そのためかどうか、お仏壇というのは、「死者の家」だと誤解されてしまっています。そうじゃありません。お仏壇はあくまでも、ご本尊を安置し、私の心の拠り処となり、家庭の中心となるものです。お葬式をきっかけとして、そういうものを、わが家にお迎えするのです。だから化けて出るとか出ないとかいった次元の話とはまるで違うのです。

浄土真宗でしたら、阿弥陀さまという量り知れない寿命と光の仏さまによって救われた亡き人は、阿弥陀さまと同様の仏さまとなって、阿弥陀さまを安置するお仏壇を、わが家に迎えるように働いてくださったと考えるといいのでしょう。そして、お仏壇を迎えることによって仏法に親しみ、阿弥陀さまの救いとはどういうことかを聞いていく人生を始めていけばいいのです。繰り返し言いますが、お仏壇とはそういうものなのです。しかし、お念仏の声一つしない、手を合わすこともしない現代人のありさまを見ていると、そんなことをしていると、死んだ人が本当に化けて出ますよ、と脅すしかないような気がするのが残念です。

問40 仏壇は誰かが亡くなったらすぐに購入するべきでしょうか

基本的なことを申しますと、お仏壇は死人の家ではありません、ご本尊をご安置するものです。浄土真宗でいえば、無量寿・無量光の仏さまである、阿弥陀如来をご安置し、家庭の中心として、家族の拠り所として、日夜礼拝させていただくものです。

ただ、ご先祖から受け伝えられたお仏壇があるというお宅は別とすると、家族の誰かが亡くなってから、ようやくお仏壇を迎えるというケースが多いですね。それはそれで、亡き人のご縁で仏さまの世界に出遇うということですからありがたいことなのです。

それで、いつの時点でお仏壇をお家に迎えるかということですが、誰かが亡くなって、すぐに求める必要はありません。「早くしないと、亡くなった人が入るところがない」と、大慌てしていることがあるのですが、それは、お仏壇を、死人の家のように誤解されているからです。

慌てなくていいです。私の考えとしては、満中陰を済ませて、ひとまずお葬式の後片づけも終えた時点で、ゆっくりとお仏壇選びされるのがいいと思います。中陰の間はほかにやることがいっぱいですからね。そうして、お仏壇を迎えるわけですが、肝心なのは、中心となるご本尊です。これぱかりは、ご本山で正式なものをお受けください。

答　一段落してからでいいですよ

お仏壇が置かれ、ご本尊を迎えて、最初に行う法要が、「入仏式」です。「入仏法要」とか、「入仏慶讃法要」などとも言われます。要するに、仏さまにわが家に入っていただくことを喜ぶ法要なのです。お祝いであり慶事なので、お仏壇は最高に華やかにお飾りし、お包みも赤白を用います。これは、今後、家族一同、心を一つにして、仏さまの教えを聞いていこうという宣誓でもあるのです。

「入仏式」は、この上ない慶事ですから、ローソクも赤、お包みも赤にしてくださいと説明したら、「仏事でも赤なのですか」と、びっくりされる方がおられます。きっと、仏事というものはすべて悲しみであり弔事なのだと思われているのですが、大変な誤解です。ところで、よく世間で、この入仏式のことを、「お性根入れ」と言ったりします。性根は、正念と書かれることもあるようですが、法要を勤めることで、仏さまの魂を吹き込むということなのでしょう。でも、これは間違いです。煩悩まみれの人間が、どうして悟りの仏さまの心を吹き込むことができるのでしょう。逆です。この私が、仏さまの智慧によって、本当に人間として生きる道を開いてもらうのですから、仏さまより私の方が偉いのだという勘違いを、人間はいつの間にかしてしまっていますね。

問41 家が狭くて仏壇を置くところがありません

昔の家には、仏間というものがあたりまえのようにありました。高度経済成長の昭和三十年代、集合住宅の団地が各地にできて、新しい生活様式がもてはやされるようになりましたが、機能第一に作られた団地には、仏間はありませんでした。そのころから核家族化が進み、いよいよ仏間はかえりみられなくなります。

そして現代、都心や通勤圏の駅前に続々と建てられるマンションは、ますます機能と便利さが優先されて、お仏壇を置くスペースはほとんど考慮されてありません。

家のなかに、仏間というものがなくなってしまった結果、いざお仏壇を置こうとすると、いったいどこに置いていいか分からず、ああでもないこうでもないと苦労することになってしまいました。そもそも置くところが考慮されていないのですから、苦労するのは当然です。

マンションに住むことになった若い夫婦が、なんとかして先祖代々受け継いだ大きなお仏壇を、自宅に入れようとしましたが、まず玄関を通れません。それで窓から搬入し、どうにか細かく区切られた部屋の一つに収めることができたものの、その部屋はお仏壇だけでいっぱいになり、前に座るスペースもないということになりました。

答 事情に合わせて選べばいいでしょう

この場合は、それでもなんとかして大きなお仏壇を迎えようとした例ですが、大抵は、最初から諦めて、新たに小さなお仏壇を求めることになります。先祖伝来の立派な伝統工芸品であるお仏壇を手離すのは惜しいことですが、それも仕方ありません。こうした現状に合わせて、お仏壇もタンスや棚の上に置ける小型のものや、リビングに置いて違和感のない家具調のものが多くなりました。それも置けないという場合には、小さな、簡単に持ち運ぶことができる、観音開きのお厨子になっているお仏壇もあります。

大きくても小さくても、お仏壇には変わりありません。ご本尊がそこにある限り、どんなに小さくても、それはお仏壇なのです。だから、うちは狭くてお仏壇を置く場所がないなどと言わず、各家庭の実情に適ったお仏壇を置くようにしてください。

最近の傾向として、亡き人の写真を棚の上に置いて、その前にお供え物をして手を合わせていることも多いのですが、やはり亡き人はたんに亡き人ではない、仏さまになられたということなのですから、仏さまの世界を形として表現するお仏壇は必要なのです。手を合わせる場所を家のなかに設けるということほど大切なことはありません。そういう習慣がなくなってしまったことが、社会を悪くしている原因だと言ってもいいからです。

問42 仏壇の飾り方、お世話の仕方が分かりません

はじめてお仏壇を迎える場合のアドバイスなんですが、最初に自分の宗旨の、正しいお仏壇の飾り方を身につけておくといいですよ。親戚の人やご近所の人が言うことは、正直アテにならないことがほとんどです。皆、自分が日常にやっていることをそのまま伝達するのですが、そもそもそれが間違っていることが多いからです。

浄土真宗では、お仏飯はお供えしますが、お茶をお供えする作法はありません。ところが、お茶を供えないでいると、物知りの近所の方がそれを見て、「お茶は供えなくてはダメよ。亡くなった人が喉を渇かせたらいけないから」などと言いますからね。心配しなくても人間は喉を渇かせることはありますが、仏さまにはありません。

香炉は真ん中において、ローソクは向かって右、お花は左、こういうことは作法としてそう決まっているのです。そうしたことは最初にきちんと覚えて、確実に身につくようにしてください。作法通りにお飾りされたお仏壇は、見た目にも整然として美しく、その前に座るだけでホッと心が落ち着くものです。反対に置き方は間違っているし、それぞれの仏具があっちを向いたりこっちを向いたり、てんでバラバラというお仏壇は、心が安らがないのです。

答 自分の宗派の正しい飾り方を身につけましょう

正しい飾り方がどういうものか、いろいろな出版物に、写真やイラストつきで紹介されているので、それを参考にすればいいのですが、問題は、近年の住宅事情で、正しい飾り方ができるような大型のお仏壇が少なくなり、タンスの上に置くような、コンパクトなお仏壇が都会では主流になり、さらに一見して、家具と間違うような、さまざまな形のお仏壇も多くなったことです。こうなると、従来の正しい飾り方というものが通用しなくなりました。

そうなると、何か作法通りなのか、どうすると正しい飾り方になるのかは、各自で考えなければなりません。マニュアルがないからです。そうした場合は、お寺さんと相談しながら、香炉、ローソク、お花などはどこにどう置けばいいかを、なるだけ正しい飾り方に近づけるようにしていけばいいのです。

それから、お仏壇のお世話は小まめにしてください。枯れた花がいつまでもあるというのは困りますからね。面倒くさいといわず、御恩報謝なのですから励んでください。最初はきちんとやっていても、次第に面倒になってくるというのは凡夫の性みたいなものですが、これだけは日常習慣として身につけていただきたいです。

問43　喪中というのはいつまでですか

喪中というとすぐに思い出すのが、年賀状欠礼の葉書です。文面は、「喪中につき、新年のご挨拶をご遠慮申し上げます」といったものです。

じつは、喪中という言葉を使うものの、実生活の上で、「喪中」ということが関わってくるのは、この葉書くらいのものです。しかし、この喪中の葉書、いったい、誰が死んだら出すのか、それが難しいのです。同居している家族の場合は当然出すでしょうが、遠くに住んでいる、しかも普段付き合いのない兄弟姉妹の場合とか、おじやおばはどうするとか、配偶者の両親はどうしたらいいかとか、考え出すときりがないのです。まあ、それぞれの場合で、出しておいた方がいいと判断したら出すとしか言いようがありません。ただ、いずれの場合でも、いったい、誰が亡くなったのかは明記しておくことです。「喪中につき」というだけでは分からないので、とまどうケースが多いのです。

ついでにもう一つ。喪中葉書は、宗教的に正しい表現にするように心がけてもらいたいですね。「永眠いたしました」という言葉が多いですが、永眠はキリスト教で使っても、仏教では使いません。たとえば浄土真宗でしたら、「お浄土に帰りました」でいいのですし、どう書いていいのか分からないなら、「逝去いたしました」でいいのです。

さて、この喪中というのはいつまでかということですが、昔は、続柄によって細かく決まっていたようですが、今ではそんな規定はありませんが、だいたい、一年間と思えばいいでしょう。昔の喪中期間は大変でした。本当に外出することも禁止という状態で、大人しく喪に服していたものです。歌舞音曲は禁止、派手なことは一切しませんでした。

ところが、その意味では今の喪中は有名無実、じっと家でしていようとしても、周囲が「そんなに閉じこもっていようとしないで、気分転換に旅行にでも行ってらっしゃい」と、勧めるような時代です。喪中だから結婚式に出ないどころではなく、自宅でお祖母さんのお葬式を出した翌々日には、孫の結婚式を盛大に祝ったという話も珍しくなくなりました。

そんな時代なのです。でも、表面上はともかく、心のなかでは喪中ということを意識しておいた方がいいでしょうね。一番いい喪の服し方は、普段、お寺の法座にお参りしたことのない方なら、お参りすることですよ。どこに行くよりも、永代経なり報恩講なりの、お寺の法座に行くことを優先する。それが一番です。そして、仏さまの教えとは何かを聞いていく一年間にすればいいのです。それがきっかけとなって、喪中に関係なく、仏法聴聞がクセになれば、こんなに尊く、こんなにありがたいことはありません。

問44 遺影はどこに飾るのがいいのでしょうか

お通夜を迎えるまでにしなければならないことの一つに、写真選びがあります。
お葬式に使う故人の写真ですが、これが案外難しいのです。写真をあまり撮っていなかった場合など、選択肢が少なくて困るのです。いい表情で写っているものは、亡くなったときからすればあまりに若すぎ、最近のものは、表情が固いとか、本当に選ぶのが困難です。

いつだったか、徹底的に写真がなくて、八十歳を超えていたのに、二十歳のころの写真を使用したことがありました。そうかと思えば、自分の葬儀用の写真にと、手回しよく毎年、写真店できちんと撮ってもらっている人もいます。

それにしても、つくづく感じるのは時代の流れです。昔は、きちんと正面を向いて、口をキッと結んで、衣装も紋付だったりしたものでした。もちろん、モノクロの写真です。それが今はカラーになり、コンピューター処理でさまざまな加工ができ、表情も笑顔の写真が用いられるようになりました。

さて、その写真を、葬儀が終わったらどうするかです。昔の日本家屋には、ちゃんとした仏間があり、鴨居がありました。遺影は鴨居の上にずらりと並べたものです。しかし、

答 お仏壇のなかに置くのは避けて卓上に置くのがいいでしょう

これも時代の変化で、仏間もなく鴨居もない家屋が多くなりました。揚げようにも揚げようがないのです。無理に揚げても釣り合いがとれず、不格好な形になるだけの話で、これはよした方がいいです。

それではどうするのかといえば、小さな写真に作り変えて、卓上に置いておくのが一番いいかなと思います。葬儀に使った大きな写真はどこかにしまっておけばいいでしょう。

時々、小型の写真をお仏壇に入れてあるケースを見かけますが、これは感心しません。お仏壇に故人の写真を置くと、お仏壇に対する親近感が湧き、手を合わせやすいのかもしれませんが、やはりお仏壇のなかに置くのは避けた方がいいです。なぜなら、お仏壇は仏さまの世界を表現するものです。生命終わって生まれて往く世界です。そこに生まれた者は、ただの人ではありません。光り輝く仏さまです。写真があると、どうしてもご本尊の阿弥陀さまと亡き人は別だという感じがします。

そうではなくて、阿弥陀さまと同じ、智慧も慈悲も円満した、完全な仏さまとなられたのだと、阿弥陀さまのお姿を拝みながら思わせてもらう方がいいですよ。「ああ、お父さんは、この阿弥陀さまになったのだ」と。

問45 納骨はいつまでに済ませるべきでしょうか

これは地方によって異なるようですね。お葬式が終わって火葬が済むと、すぐにお骨をお墓に持って行って、納骨するという風習の所があるのです。お墓への納骨までが葬儀と一連の行事として行われるんです。だから、お骨は一度も家に帰ることはありません。

一口に関西では、と言ってみても、関西も広くて、いろいろな風習があるかと思いますので、ここでは大阪ではと言っておきましょう。まあ、私の住んでいる大阪市内では、と言う方がより正確でしょうね。ここでは、お骨を拾って、自宅に持ち帰ることになっています。ただし、このごろは葬儀の会館などでお葬式を行い、お骨揚げもその場所でつとめられる場合が多く、その場合はそこに持って帰ります。

さて、それから中陰という期間になっていくのですが、お骨はいつまで置いておくかという問題です。その前に、火葬の後、お骨を拾って納めるときに、二つの骨壺が用いられるのが普通です。一つは大きな壺で、これは立方体の箱に収めます。これは胴骨と呼ばれます。もう一つの小さな壺は、ノドボトケを収めるもので、本骨と呼ばれて、巾着状の袋に入れます。ただ、これも最近では、その習慣が崩れてきていて、どちらか一つにしてしまうことも多くなっていますが、大きな胴骨はお墓に納めるためのもので、小さな本骨は、

答 地域にもよりますが特に決まりはありません

浄土真宗本願寺派の場合でしたら、大谷本廟に納骨するためのものです。ご先祖のお墓のほかに、宗祖親鸞聖人の墓所である大谷本廟にも納骨するという習慣です。

さて、ではいつ納骨するのかといえば、じつは決まりはありません。ただ、どちらかといえば、胴骨を先に、本骨は後に、というケースが多く、満中陰が終わってから、しばらくして日を決めて、お墓に納骨というのが一般的です。それまでに、お墓には法名などを刻んでおきます。満中陰法要の続きで行う場合もあります。お墓が近ければそれも可能なわけです。本骨の方は、これは千差万別で、百カ日のときにというお宅もあれば、初盆にということもあります。あるいは、一周忌に、亡くなった後の相続の問題とか名義変更とか、ゴタゴタしたことが一応落着した報告という意味で、大谷本廟に納骨されることも結構多くあります。要するに、もうそろそろというときにすればいいことです。

なぜか世間では、お骨を家に置いたまま年を越してはいけないという俗信がまかり通っていて、近所の人に、「年内に納めなきゃダメよ」と口うるさく何度も言われたという話をよく聞きます。でも、年末ぎりぎりに亡くなればどうすればいいんでしょうね。年内になど、根拠のないことなんですから、考慮する必要はありません。

問46 分骨の考え方を教えてください

ある法事の席でのことですが、おつとめが終わって、全員で食事をしていたときのことです。話題が臓器移植の話になりました。

それぞれが賛成・反対、意見を述べ合うなかで、一人がこんなことを言ったのです。「俺は内臓を他人にやるなんて嫌だね。だって、向うの世界に行ったときに、ふと気がついたら身体の一部がないなんで、困るじゃないか」。この意見についての賛否はともかく、聞いていて、こんな考え方もあるのかと正直びっくりしました。

分骨についても同じように考える人が多いです。関西では、あらかじめ用意しておいて、本骨と胴骨に分けますが、それがどうしても納骨できないというのです。お骨は完全に一体であるべきで、二つに分けたりすることは、身体をバラバラにするようなものだというわけです。ましてや、二つに分けたお骨を、なお分けるなどとんでもないことなんですね。

でも、別にお骨が極楽浄土に往くわけではありませんからね。仏さまとして生まれるのですから、臓器があろうがなかろうが、遺骨があちこちに分けられようが、そんなことは心配することは何もないのですが、人間というものは、仏さまの世界である極楽浄土をどうしても、この世の延長のような感覚でとらえてしまうようです。

分骨の歴史を語れば、じつはお釈迦さまから始まっているのです。何といってもお釈迦さまですからね。クシナーラという、インドの片田舎で入滅されて火葬されたお釈迦さまの遺骨を巡って、争いが起きそうになるんです。みんな自分の国に持ち帰って供養したいからです。奪い合いになりそうな空気のなかで、一人が、「やめよう。お釈迦さまは争うなとおっしゃったではないか。我らは平等に仲良く、それぞれの国に持ち帰り供養しようではないか」と、こんな提案をしたんです。

その結果として、お釈迦さまの遺骨はインド各地に分けられて、それぞれの土地で手厚く供養され、仏教教団が大きく発展していくきっかけとなりました。輪が大きくなるほど、仏縁に触れる人も多くなるというわけです。

だから、分骨することは、それだけ仏縁を広げ大きくすることだと考えれば、それはじつにありがたいことなのです。分ければ分けるほど、確実に手を合わせてくれる人は増えるはずですからね。胴骨はお墓に納めますが、本骨は親鸞聖人の御廟所である大谷さんに納めるという風習も、それによって御本山にお参りするご縁ができるという点が肝心なのだと思います。

答 分ければ分けるほど仏縁が広がると考えられます

問47 自宅に遺骨があるのが気持ち悪いのです

人間の考えとか思いとかいうものは面白いもので、一人一人違うのです。あたりまえといえばあたりまえなんですが、同じ対象に向かっても、思いはさまざまなんですね。お骨を納めてしまうと淋しいからといって、何年もお骨を家に置く人がいます。納骨も一度タイミングを逃してしまえば、なかなかふんぎりがつかないのです。今年こそは今年こそはと思いながら、気がつくともう三十年も経ってしまっていて、とうとう夫の納骨をしないままに、自分が死んでしまったという奥さんもおられます。じつは家からお骨がなくなるというのは、それほどに淋しさを伴うものなのです。それがいいか悪いかは別にして、最近では、遺骨の一部を加工して置き物にして飾ったり、ペンダントなどにしていつも自分の身につけているということも流行しています。遺骨は、間違いなくその人の身体の一部であったものですから、愛着も深いのですね。

本来、遺骨というものは礼拝の対象ではありません。それでも遺骨を見ると、自然に手を合わせてしまいます。そして、そうした行為を変だとは誰も思いません。それほどに日本人の遺骨信仰は根強く、普遍的な感情となっているのです。

そうかと思えば、一方でぜんぜん逆に、肉親であっても、遺骨というものを気味悪く感じる人もいるのです。本当に人間とは不思議なものです。そんなに気持ちが悪いのなら、さっさと納骨を済ませればいいのでしょうが、やっぱりせめて満中陰が終わるまでは置いとかないと悪いかなという気があるみたいですね。そうすると、遺骨が家にある間は、気持ち悪さとの戦いです。

でも、私の本音をいえば、こういう人にこそ、遺骨を長く家に置いて、どうして遺骨を気持ち悪く思うのかということを深く考えて欲しいと思いますね。勝手な推測ですが、多分、遺骨が気味悪い、見るのも嫌だということは、「死」という避けられない現実を、直視できないということではないですか。人間は、生き物である以上、いつかかならず死にます。それは他人事ではなくて、いつでもこの私自身の問題です。かならず死にますし、死んだものは嫌でも火葬場で焼かれ、お骨となっていくのです。虚しいですね。そんな虚しい人生を虚しいものとしないのは、仏さまの教えです。遺骨を気持ち悪いと思う前に、それは将来の自分自身の姿だと思ってください。亡き人は、「あなたもこうなるよ」と、告げているのです。それを脅しだと受け取るか、だから虚しい人生に終わらせないようにという催促だと受け取っていくか、それはもう貴方次第なのです。

問48 離婚した夫の葬儀には行くべきでしょうか

昔、実際にこんなことがありましたよ。都会の真ん中で孤独死した男性がいました。年齢は七十歳くらいだったでしょうか。お葬式を出そうにも身よりは誰もいません。それで数人の友人たちが、簡単なお別れをして、火葬しようという話になりました。ところが、そこに一人の女性がやってきて、こう言われたのです。「この人は、二十年前に別れた、元の夫です。他に誰もいませんから、私が喪主になってお葬式を出します」。これには皆、びっくりしました。本人に気持ちを聞いてみると、ひょっとしたことで耳に入ったというのです。そうしたら、もうぜんぜん関係ない人だけど、放っておくのもかわいそうに思って、名告《なの》り出たとおっしゃるのです。その優しさに皆、感動しました。

でも、この男性が再婚していて、新しい奥さんと一緒だったら、事情は変わっていたでしょうね。前の奥さんが名告り出てくることもなかったかもしれません。一口に、離婚といっても、いろいろな状況があります。別れ方もさまざまです。その後の二人の人生もそれぞれです。

だから、行くべきか行かざるべきかという問いに対しては答えはありません。すべてはそのときの状況と気持ち次第です。報せを聞いても、絶対に行きたくないという場合もあるでしょうし、行きたくても行けない場合もあるでしょう。

中途半端な答えでいいのなら、出席しても周囲に波紋が起きないですむようなら、お別れに行った方がいいでしょうね。とにかく一度は夫婦となった人なのですから。悲しいのは、お別れに行きたい気持ちはいっぱいなのに、姿を見せればかならず反発されることが目に見えている場合ですね。無理を通してお参りしたっていいことはありません。お葬式の場を掻き乱すだけです。そうしたときは、不本意でしょうが、遠くから手を合わせておきましょう。目立たないように、隠れるように手を合わすことになっても、それはそれでいいではありませんか。状況に応じて、自分なりのお弔いをするというのが一番いいと思いますよ。心は通じますから。

以前、泣きながらお寺にやってこられた中年の女性がいました。今ごろ、元の夫のお葬式が行われているはずだけど、出席することもできないので、本堂にお参りさせて欲しいと言われるのです。「気のすむまで手を合わせていらっしゃい」と言って、阿弥陀さまの前に座っていただきました。ずいぶん、長い時間、手を合わしておられました。この人なりのお葬式だったように思います。

?問49 自分と違う宗派の葬儀での作法はどうしたらいいでしょうか

作法というのは形です。教えの内容に基づく形なのです。だから教えが異なると、当然のことに作法も違ってくるのです。

作法というのはじつに細かく決められていて、たとえば焼香の作法について、同じ浄土真宗でも、お西さんの本願寺派は一回、お東さんの大谷派は二回香をつまみ、焚くことになっています。先に教えが異なると、と言いましたが、本願寺は東も西も、同じ親鸞聖人の浄土真宗です。それなのに、焼香の作法をはじめ、念珠の持ち方なども異なるのです、まして、宗派が異なれば、同じ仏教かと思うほどに違ってくるものです。

さて、浄土真宗本願寺派、お西さんのご門徒が、自分と違う宗派のお葬式に出席したときを想定してみましょう。先程述べたお東さんのお宅にお参りしたときはどうでしょう。焼香の作法は、こちらは一回で向うは二回。でも、これは何も二回する必要はありません。こちらの作法できちんとやればいいのです。称えるのは同じ、「南無阿弥陀仏」ですから、まったく問題ありません。ただ、香を焚く回数が一回であれ二回であれ、ゆっくりと丁寧にすることです。作法は、きちんと作法通りにすると美しいものなのです。

浄土真宗以外のお宅ならどうでしょう。たとえば真言宗なら、焼香の作法だけでなく、称える言葉も違います。「南無大師遍照金剛」です。そう唱えなくてはいけないのでしょうか。それもそんな必要はありません。こちらの作法通りの焼香をして、静かにお念仏申せばいいのです。日蓮宗のお宅だからといって「南無妙法蓮華経」と言う必要もありません。どんな場合でも、「南無阿弥陀仏」でいいのですが、自分は浄土真宗だということを誇るように大きな声で称えることもいりません。

では、キリスト教ならどうでしょうね。一緒に賛美歌を歌うのも変ですね。ここは静かに歌声を聞かせてもらいましょう。稀ですが、神道のお葬式に出席せねばならないこともあります。神道にはお焼香はありません、玉串を捧げます。私は仏教者だから、そんな行為はしない、と拒否もできないでしょう。ここは郷に入りては郷に従え、目をつむりましょう。でも、心のなかでは、「南無阿弥陀仏」とお念仏を称えてください。神さまも阿弥陀さまの化身で、念仏の信心をお護りくださるのだということを思えばいいのでしょう。

私は浄土真宗だから断固として玉串を捧げることを拒否する、という態度も一つの見識なのかもしれませんが、そうすると浄土真宗とはなんというかたくなな宗教なんだろうと、周囲の反発を買ってしまう、その害のほうが大きいように思います。

問50 お寺とはいつまでつきあわないといけないのでしょうか

こういう質問に対しては、いつまでなどと言わず、ずっとつきあってくださいとしか言いようがありませんが、こういう問いが出てくる背景には、いざ誰かが亡くなって、慌てお葬式の準備を始めたものの、さて、いったい自分の宗旨が何であったかも分からず、親類に聞いても判明せず、やっと分かったとしても、普段、お寺との関わりがまったくないので、近くにある未知のお寺にお葬式を頼むとか、葬儀社に紹介してもらったお寺に依頼するといったことが多いという現状があるんでしょう。

お葬式を出すために坊さんが必要だから、急いでお寺を探して、とりあえずお葬式をやってもらおうということです。だから、そのお寺とはいつまで関係を保たなければならないのかというわけですが、これではまるで、お寺というのは葬式に必要だから存在しているようなものです。これが、いわゆる「葬式仏教」なのでしょう。

でも、本当はお寺とのつきあいは、葬式とそれに関係する、たとえば満中陰だけしてもらえば、それでおしまいというものではないのです。それは始まりなのです。お寺が存在している意義は、仏法の興隆のほかにはありません。葬儀は、仏さまの教えに触れる機会のない人にとっては、仏さまの教えとはこういうものだということを知る、絶好のご縁となるものです、愛するものとの別れによって、無常の世の現実を知り、生命とはいったい何なのかという問題が、自分自身に突きつけられてくるんです。そして、それは人間の知恵では解答の得られない問題なのです。それに答えてくれるのは仏法しかありません。仏法は、人間の煩悩の目から見た世界や、迷いの心で考えた価値観ではありません。完全な悟りの目から見られた世界なのです。死という現実を、たんなる滅びではなく、それでおしまいになるのではない。この人生が無駄に終わっていくのではないということを教えてくれるのは、仏法しかありません。

お寺とは、その仏法が説かれる場所です。そして、お寺とは、私が仏法を聞いていく道場であるわけです。どうぞ、お葬式を出すことによって、はじめてお寺とご縁ができた人は、法事を頼むだけでなく、お寺で開かれている法座にはかならずお参りをして、一生涯、仏法を聞いてください。もっとも、一生涯を託すに足るかどうか、お寺の在り方も問われるのですが、現代という時代のお寺の存在価値を、寺族も在家も、これから模索していかねばなりません。いろいろな事件が起きる困った世のなかだからこそ、それが求められているのは確かなことなのです。

あとがき

私の癖で、整理整頓されている机の前で物を書くことができません。本とか書類とかが雑然と、いつ崩れるか分からないような状態で積み上げられていないと、心が落ち着かないのです。それに静かなのもダメです。シーンと静まりかえったなかで原稿用紙を前にすると、異常にイライラするのです。かならずテレビをつけてあるか、ラジカセで音楽を流しています。ちなみに言えば、原稿は鉛筆で手書きをします。パソコンや携帯電話でのメールは大好きなのに、原稿となると、不思議なほど鉛筆でないと思考できないのです。

そんなわけで、この本の原稿も、ちらかった机に原稿用紙を広げて、テレビをつけながら書き進めました。やはりブームだなと思うのは、ＮＨＫ、民放を問わず、何度も、「葬儀」をテーマにした番組に遭遇したことです。葬儀のことを書いている最中に葬儀のことを放映しているのですから、鉛筆を止めて画面に見入ることになります。どの番組も、現代社会の実情をよく物語っています。「私なりの葬式」「自分だけの葬式」……。皆、スマートでこじんまりとした、人生最後の儀式を奨励しています。

でも、なんだか違うという感が頭から離れないのです。その違和感を一言で表現すれば「生命の軽さ」なのです。少し大げさに言うなら、「極楽」とか「浄土」という、日本人が大切に伝承してきた言葉が消え失せ、「天国」という、意味不明の言葉でしか死後の世界を表現できないことと相通じる、薄っぺらさです。葬儀が軽んじられるのと、生命が軽んじられるのは、その全部がイコールではないにしても、けっして無縁とは思えません。

私は葬儀というものは、規模の大小に関係なく、厳粛な宗教儀礼であると思いますし、徹頭徹尾、一つの宗教の死生観を表現していく場でなければならないと、頑固に信じています。宗教に関係ない葬儀は、葬儀ではありません。そのことだけは、訴え続けていこうと思います。この本も、ただそのことだけを分かっていただきたくて書きました。

もちろん、決められた文字数のなかですから、じゅうぶんに説明しつくせるものではありませんし、書き終えて、読み直してみると、こんな言い方でよかったのかと、自分で悩んでしまうこともありますが、とにかく、これが現時点で私が言える精一杯のことです。家族葬が当然のようなこととなり、直葬も増えつつある現状が、この本によって微塵も変わることはないでしょうが、言うだけのことは、これからも言い続けていこうとは思います。それが、法衣を着けて導師を務める者としての責任でしょうから。

私は、自分でもあきれるほどの怠け者です。だから常に原稿の締め切りに追われます。

余裕が一か月あるのなら、毎日こつこつと書き続ければいいのに、またその方が、よほど楽だと分かっていても、「今日、やらねばならないことは明日に延ばそう」で、何もやらないまま、残り一日となってしまいます。それでもなお「明日の朝にしよう」とするのですから、どうしようもありません。そんなことで、この本を依頼されてから、どれほどの月日が経ってしまったことやら。本来なら、とっくの昔に書籍となって世間に出回っているはずのものでした。

一番、ご迷惑をかけてしまったのは、月刊誌『御堂さん』の編集でもお世話になっている、法藏館の上山靖子さん。今日か明日かという期待を裏切り続けてきたのに、怒りもせず、嫌な顔もみせず、ひたすら辛抱強く待ってくださいました。ただ感謝のほかありません。この本を世に出すことができたのは、ひたすら上山さんのおかげです。もちろん、法藏館の皆さま、そのほか、ありとあらゆる形で、ご協力いただいた方々に、心より御礼申し上げます。「仏祖の加護と衆生の恩恵」を、実感として、しみじみと感じることができる私は、本当に仕合わせ者です。

平成二十二年九月一日

菅　純和

菅　純和（すが　じゅんわ）

1951年大阪市生まれ。龍谷大学文学部卒業。
大阪市北区・光明寺住職。月刊誌『御堂さん』編集長。
著書：『仏事の小箱』（本願寺津村別院）ほか。

葬式のはなし

二〇一〇年一〇月二〇日　初版第一刷発行

著　者　菅　純和

発行者　西村明高

発行所　株式会社　法藏館
京都市下京区正面通烏丸東入
郵便番号　六〇〇-八一五三
電話　〇七五-三四三-〇〇三〇（編集）
〇七五-三四三-五六五六（営業）

装　幀　井上二三夫

印刷　立生株式会社　製本　有限会社清水製本所

ISBN978-4-8318-6418-5 C0015